藤原聖子 編著
Fujiwara Satoko

筑摩選書

日本人無宗教説

その歴史から見えるもの

日本人無宗教説　その歴史から見えるもの　目次

日本人無宗教説

その歴史から見えるもの

凡例

・引用資料の中の旧仮名表記は原則として新仮名に変換した。必要に応じてカタカナをひらがなに、読点を句点に変更し、あるいは補った。また、引用資料に対する筆者の中略や補足は〔 〕で括った。

・第一〜六章では、原則として各時代の資料において使用されている語句を目立たせる場合は「 」、資料に言葉そのものは現れないが筆者がキーワードとして目立たせる語句は〈 〉で括った。

・写真や画像には、資料とした新聞記事に掲載されていたものと、そうではないが文脈の理解を助けるために筆者が加えたものがある。いずれの場合もキャプションは筆者が独自に付けた。

はじめに

藤原聖子

日本人無宗教説の起源をめぐって

「日本人は無宗教だ」とはよく聞くフレーズだ。また、本当にそうなのかについても熱い議論が繰り広げられてきた。たとえば『日本人はなぜ無宗教なのか』（一九九六年）の著者、阿《あ》満《ま》利麿は、日本人は実際には無宗教ではないと説いた。日本人の多くが自分を無宗教だと思うのは、その宗教という言葉で、キリスト教をモデルとする創唱宗教をイメージするからであり、初詣や祭りは宗教ではないと思っているからだと言う。そういった、教祖も教典も教団もない、自然発生的な宗教の信者である日本人は大勢いると阿満は論じた。それに対して『日本人は本当に無宗教なのか』（二〇一九年）の著者、礫川《こいしかわ》全次は、明治以前の日本人は宗教的だったが、現在の日本人は無宗教だと言う。阿満の言う自然発生的宗教、礫川の言葉では習俗にあたるものも現在は廃れているからというのがその理由である。

本書の読者の中にもこういった議論を知っている人は少なくないだろう。しかし、最初に「日本人は無宗教だ」と言ったのはどこの誰なのかについてはご存じだろうか。実はこの問いは、宗教研究の専門家の間でも話題に上ったことがなかった。学説として既知の事がらになっているものはないということである。

コロナ禍が長期化することがわかり、大学での研究・教育に対しても制限が続いていた二〇二〇年秋、同じ宗教学研究室に所属する筆者たちはこの問いから出発した。日本人無宗教説はいつ頃登場するのか。その後もその説は継続的に現れるのか。説の内容やニュアンスは時代によって変わるのか。こういった疑問に総合的に答えている研究文献は未だないことを確認した。リモートでも自由に使えたのは大学図書館が契約している各種データベースだった。そこで、明治時代から存在する大手新聞（朝日・毎日・読売）のデータベースを主な資料とし手分けして調べることにした。これらの新聞は多様な人々による寄稿と全国に広がる読者からなる公共圏を形成しており、そこでの議論の変化を定点観測的に追いやすいという利点もある資料である。

調べた結果、いくつかの大きな発見があった。

一　日本人無宗教説は、三紙の紙面上は、「無宗教」という語を用いるものでは明治一〇年代後半の記事が初出である。さらに三紙以外のとある新聞では明治一一年に「無宗教」の使用例がある。だが、説そのものは早くも幕末維新期から存在していた。誰が最初に「日本人は無宗教だ」と言ったのかという問いへの答えは第一章までお待ちいただくとして、驚くのは、「宗教」という言葉が日本語に定着するよりも前から日本人無宗教説は存在したということだ。今も使われる「宗教」という言葉は、**religion** の訳語として一八七〇年代に普及し始めたというのが現在の定説である。より正確には、「宗教」という諸宗教を総合する概念とそれを表す言葉は近代になって初めて生まれたということだ。とすると、「宗教」という日本語ができる前に日本人無宗教説を唱えた人がいるとはいったいどういうことか。なぜそんなことが可能だったのか。これについては第一章で解き明かしていく。

二　その後、日本人無宗教説は途切れることなく続いた。紙面からわかる限りは、現在に至るまで常に「日本人は無宗教だ」と言う人たちが存在したのである。ただし、その内容は時代によって変化した。発端から一九七〇年代に入るまでは、新聞紙上の日本人無宗教説は主として、「日本人は無宗教だから、□□が欠けている」という論調だった。これを本書では〈**欠落説**〉と呼ぶことにする。欠落説は「無宗教で何が悪い。

欠けているものなどない」「むしろ無宗教の方がよい」という開き直りの**〈充足説〉**も誘発したが、欠落説の方が優勢だった。欠けているとされる「□□」の中身は時代とともに次々と入れ替わっていった。第二章以降はその変遷を順にたどっていく。

三　一九七〇年代以降は、欠落説も継続するものの、「日本人は実は無宗教ではない」「無宗教だと思っていたものは、「日本教」のことだった」「自然と共生する独自の宗教伝統があるのだ」などの説が増加した。これらのうち、欠落説への反論としてのものを**〈独自宗教説〉**としてまとめることにする。しかもその日本独自の宗教を称賛する、強気の説が顕著に見られるようになった。

各時代の状況を映す鏡として

つまり、新聞記事の調査を通じてわかってきたのは、日本人無宗教説は、その時代時代の社会問題の原因説明に使われてきたということである。「日本人が××なのは、無宗教のせいだ」というように、さまざまな問題が無宗教に帰されてきたのである。一九七〇年代からはポジティブ転換し、「日本人が○○なのは、無宗教（と思われてきた独自宗教）のおかげだ」という論調が増えるが、因果図式の単純さは変わっていない。そこだけ注目すれば、日本人無宗教説は陰謀論にも似ている。特にユダヤ人陰謀論、フリーメイソン陰謀論、Qアノンによるディープステート陰謀論など、「自分がこれほどの苦境に陥っているのは、世界支配を企む奴らのせいだ」という種類の陰謀論である。「奴ら」が指すものは人や状況によってころころと変わるが、論理は似たり寄ったりである。

ここで陰謀論を引き合いに出したのは、本書の立場を明確にするためでもある。本書は「日本人は本当に無宗教なのかどうか」については判断を保留する。代わりに、時代に応じて形が変わる、日本人無宗教説の流動性を具体的に示すことで、その恣意性を浮き彫りにすることを試みる。すなわち、「日本人が××なのは、無宗教のせいだ」説についても、「日本人が○○なのは、無宗教のおかげだ」説についても、ただ「なるほど」と受け取るのではなく、「そこに本当に因果関係はあるのか」「その前の時代と言っていることが反対なのでは」と思わず突っ込みたくなるような効果をねらっている。

また、調査を進めるほどに露わになったのは、明治時代から現在までの日本人無宗教説の歴史には、各時代の日本人のアイデンティティ意識が集約されているということである。このため本書は、限定的な切り口からではあるが、一つの日本近現代史にもなっている。「日本人は無宗教だ」「宗教に関心がない人が多い」と言うわりには、日本人は自分たちを理解するのに常に「宗教」という参照点を必要としてきたようである。それは当初は「西洋」「欧米」の別名だったが、しかしそう言わずに「宗教」という言葉でなくては語れないものがあったというのが本書のミソである。

本論に入る前に、調査と資料についてもう少し説明しておきたい。主要資料は、朝日新聞・毎日新聞・読売新聞（その前身となる別名称の新聞や地方版を含む）の創刊時から二〇二〇年までの記事である。必要に応じて他紙やデータベース化されていない新聞も参照した。

主要三紙から「無宗教」に関する記事をピックアップしたところ、総数は一四〇〇点に上った。当初は、無宗教記事の数を時代ごとに数え、量を比較することも計画したが、これにはデータベース上の限界があった。どの紙でも全文検索が可能になるのは一九八〇年代半ば以降であり、その前の記事は、新聞社の方で各記事に紐づけたキーワードしか検索できないのである。このため、一九八〇年代以降の記事を「無宗教」という語で検索すると膨大な数がヒットするのに対して、それ以前の記事を同様に検索しても一〇年間で一〇〜二〇点しか出てこなかった。また、年代ごとの数の比較が簡単にはいかないのは、新聞のボリューム自体が一定ではないということもある。ある時代に無宗教に言及する記事が増えているのは、記事の総数が増えたというのが一因として考えられるのである。そこで量の変化の調査は暫定的なものに留め、さらに無宗教の語を用いていないが実質的に無宗教説になっている記事も分析の段階では適宜参照した。

新聞によって無宗教記事の量や内容に違いがあるかどうかも簡単には言えないとわかった。

前述のように、一九八〇年代以前の記事は全文検索できないため、各記事にキーワードを紐づけた人――それはおそらく必ずしもその新聞社の記者ではない――の判断に大きく依存することになるからである。内容に関しても、「この新聞の無宗教記事にはこのような傾向がある」と一般化できるほどのまとまった数の記事が各時代について集まったわけではないため、安易な比較は控えることにする。ただし、現在は、「より保守的な新聞の方が（伝統的）宗教を重視し、よりリベラルな方はその反対である」という見かたがあるかもしれないが、歴史的に見れば、この二分法は必ずしもいつも妥当するわけではないことが、以下に紹介していく各記事の内容からわかることもまた確かである。一般化はできないが、先入見に反するような記事はあるため、そこを面白いと見る読者もおられることと思う。

そもそも「宗教」とは何か

理論的な問題についても二点ほど補足しておく。まず、先ほど軽く触れた、「宗教」という概念も言葉も近代になって生まれたという説について。これは日本だけでなく、西洋社会についても言われている。もちろん、近代以前にもキリスト教、仏教などと呼ばれる伝統は存在したが、「キリスト教（仏教）は宗教の一つだ」という言いかたをするときの「宗教」という総合的な概念は西洋かつ近代の産物だということである。それは、政教分離というもう一つの近代的概念の前提となる、世俗的な政治に対置される「宗教」という概念でもある。日本の近代以前からある、「俗っぽい」という意味の「世俗」とは異なる、西洋由来の「世俗 secular」の対概念を指す。

この意味での「宗教」に近い言葉が近代以前にはまったく存在しなかったのかについては諸説あるが、少なくとも今の宗教・無宗教というような意味の言葉で国民全体を特徴づけるということがなかったのは確かであろう。本書が日本人無宗教説の起源を近代以前にさかのぼって探すことをしないのはこの理由による。

次に、日本人論・日本文化論の問題である。先ほど筆者は、「日本人無宗教説の歴史には、各時代の日本人のアイデンティティ意識が集約されている」と述べた。「日本人にはこういった国民性がある」「日本文化はこういった点で独特だ」といった説は、日本人論・日本文化論と呼ばれ、ステレオタイプである、オリエンタリズムであると批判されてきた。その観点からは、本書もまた「日本人はいつも「日本人は無宗教だ」と言ってきた」という一つの日本人論であると批判を受けそうである。だが、本書の目的は日本人論とはまったく異なる。本書は日本人らしさを明らかにしたいのではなく、日本人論的無宗教説、つまり宗教に絡めて日本人らしさを主張する説の歴史的変化を示すことでそれを相対化していくものだからだ。

最後に、ここまで使ってきた「無宗教説」という表現について。記事によっては、ただ

「無宗教」という語に言及しているだけで、「説」というには値しないものもある。研究者の間ではこのような時は「言説」という表現で、簡単な言及も論説もまとめて呼ぶことが多い。だが、「言説」の語は一般には耳慣れず、また学術的にも特定の意味合いを帯び得る言葉であるため、「説」という言葉を使うことにした。以下にとりあげる記事は、「日本人は無宗教だ」と論じているものを中心とするが、その時代に特徴的な「無宗教」という語の用法を反映する記事も適宜含める。たとえば、誰それが無宗教式で葬儀を行ったという類の記事である。何らかの文脈で「無宗教」という語を意識的に使うかどうかも、ある時代においてこの語がどのようなイメージを喚起するかに結びついており、日本人無宗教説をより正確に解読するのに役立つと考えるためである。

第一章　無宗教だと文明化に影響？——幕末〜明治期

木村悠之介

それでは、さっそく日本人無宗教説を探しにいこう。すでに述べたように、本書では基本的に新聞を史料として用いるが、新聞が現在のようなマスメディアとしての足場を確立していくのは日清戦争などを経た後の時期であり、それまではまだ新聞だけでは全体像をつかみにくい。ゆえに、この第一章に限っては新聞以外にも多く目を向けることとする。

「religion」を突き付ける〈欠落説〉の外圧

日本人無宗教説を最初に述べたのは誰か。容易に答えがたい問題だが、現在まで系譜的につながりをたどれるような議論の場を形成していったという点では、幕末〜明治期の訪日欧米人たちによる日本人への観察[1]を画期と考えてよい。つまり、いわゆる開国により「religion」という言葉が本格的に日本に持ち込まれたことで、一気に出てきたのだ。典型的な例として、

ハリス（アメリカ議会図書館所蔵）

アメリカ合衆国総領事のT・ハリスは来日翌年（一八五七年）の日記にこう記している。

僧侶や神官、寺院、神社、像などのひじょうに多い国でありながら、日本ぐらい宗教上の問題に大いに無関心〔indifference on religious subjects〕な国にいたことはないと、私は言わなければならない。この国の上層階級の者は、実際はみな無神論者〔*atheists*〕であると私は信ずる。（坂田精一訳『日本滞在記』二五五頁）

ハリスをはじめとする欧米からの観察者たちは多くの場合、日本の上流階級が儒学により「無神論者」となっていることを前提としつつ、下流階級や女性による寺社参詣は「迷信」や「娯楽」だと言い、欧米のキリスト教徒、とりわけプロテスタントとは「宗教」への向き合い方が異なると考えた。特にイギリス公使のR・オールコック（一八五九年来日）は一八六三年に英語版が公刊された『大君の都』で、「キリスト教徒の考えるような宗教」を「文明」だとすれば、日本人は文明をもっていない」と断じ（山口光朔訳『大君の都』一五七〜一五八頁）、キリスト教という「宗教」を「文明」そのものと見做している。

時期は下るがキリスト教の価値基準を明確に示した例としては、「私がこれまでに会ってきた国民のうちで日本人ほど信仰心を欠く〔irreligious ＝無宗教な〕国民はいない」と述べたイギリス人女性旅行家のＩ・バード（一八七八年来日）がいる（金坂清則訳『日本奥地紀行』二六頁）。実はバードは『日本奥地紀行』の末尾で神道とキリスト教を比較し、「私たちからすると宗教というものの本質をなすものを神道が全く欠いている」と結論づけたのだ。

〔日本人は〕日本で広がっているいかなる宗教に対しても全般に無関心〔indifference to any religion〕であり、そのため国民はこの上なく空疎で実りのない信条〔＝神道〕に甘んじている〔…〕。この信条は、義務を強いることも、犠牲を求めることもないし、「来るべき裁き」の恐怖をいだかせることもないのである。（以上、同右、二二一、二二三頁）

芝・増上寺の徳川家継（第7代将軍）霊廟に参拝する人々（Bird, Isabella, *Unbeaten Tracks in Japan*, 1880）

つまり、キリスト教が備える「義務」「犠牲」「裁き」を「宗教」の本質とし、神道を奉じる日本人はそれらを欠くというわけだ。

以上のように日本人無宗教説の発端は、日本人は「religion」に関心がなく、ゆえに「文明」も持たないという**〈欠落説〉**であり、キリスト教を強固な基準としていた。例外的に、日本の祭りに触れるなかで「人びとは極端に不信心〔undevotional〕であるが、無宗教〔irreligious〕を説明するものはない」と述べた仏教学者のE・アーノルド（一八八九年来日）など（岡部昌幸訳『ヤポニカ』二七頁）、プロテスタント的な信仰の熱心さとは別の基準で日本人の「宗教」を考えようとする人々もいたが、多数派にはならなかった。

困惑する岩倉使節団

こうした外圧としての日本人無宗教説に日本人側が向き合った最初期の事例として、一八七一（明治四）年、条約改正交渉のため日本を出発した岩倉使節団のエピソードが残っている[2]。記録係として随行した歴史学者・久米邦武《くにたけ》が一九〇八年に振り返ったところによれば、使節団がアメリカに向かう船中で、「西洋人に逢えば何宗かということを問《と》われる、その時どう返答をするか」という話題が出たのだ。

仏教は困る、全体西洋は宗教などを信ずるけれど、我々はそんなことまでは是《これ》まで信じない、〔…〕儒教は宗教でない、是は一種の政治機関の教育のようなものと言う。〔…〕神道と言《いっ》ても世界が宗教とは認めないから仕方が無い。こんな議論で神儒仏共にどれと言う事も出来ないから、寧《いっ》そ宗教は無いと言おうといったところが、〔…〕西洋で無宗教な人間はどう映ると思うか、〔…〕獰悪《どうあく》で、智恵を持った虎狼《ころう》のようなものは、黙って置くとどんな悪い事をするか判らぬものとされている、それで宗教を問《とう》のである。〔…〕基督の福音を聞かない者は先《ま》ず人間では無いと西洋人は思うて居る。〔…〕もし其《その》虎狼のように思われる無宗教の人間と聞《きい》たなら、どんな事をするか判らぬと云う言葉になるから、無宗教はいけない、段々斯《こ》う云う話になって皆困った。

久米邦武（『久米博士九十年回顧録』上巻、1934年）

省略した部分も補いつつまとめると、仏教は「宗教」だが「我々」は「信じない」、「忠孝仁義」を教える儒教は「宗教」ではないし、「日本人」がみな信じる神道は「宗教」と認めてもらえない、しかし「無宗教」と言うと残酷な獣のように思われてしまう、と誰もが困惑し、結論は出なかったようだ。訪問先では宗教を訊かれずに済んだとい

岩倉使節団がニューヨークで見学したバイブルハウス
（*The Manual of the American Bible Society*, 1907）

うが（以上、『久米邦武歴史著作集』三二〇～三二一頁）、日本におけるキリスト教徒迫害については現地紙が岩倉具視を名指しで問い詰めた。キリスト教禁令を含む五榜《ごぼう》の掲示が除却されるのは一八七三年のことだ(3)。

このエピソードは、海外旅行で「無宗教」を名乗ると警戒される、という現代の通俗的な語りに似ているようにも見えるが、洋行が珍しい時代に当時の知識人を代表した岩倉使節団の人々は、オールコックが述べていたようなキリスト教を中心とする「**religion**」の基準を正確に理解しつつも、向き合い方が異なることや、神道がそこで認められないことに苦慮している。現代人の場合はこうした葛藤とは無縁だろう。現代的な語りの定着については、本書の後半も参照いただきたい。

また、久米の回想は後年のものであるため、この時の議論で実際に「宗教」「無宗教」という熟語が出ていたかどうかは即断しがたい。**religion** に対応する日本語として「宗旨《しゅうし》」「宗門《しゅうもん》」「教法《きょうほう》」など様々な言葉が当初あてがわれるなか、一八六七～六八（慶応三～四／明治元）年頃に外交文書で登場した「宗教」が中心になっていくのは一八七〇年代の後半にかけてのことだからだ。(4) いくつかの関連文献(5)から判断するに、久米はまだ別の語を用いているが周りの人々が「宗教」を使っていた可能性はあるという程度だろう。

郵便報知新聞における〈充足説〉の登場

岩倉使節団と同じく洋行を経験した日本人のなかには、キリスト教と「文明」の結びつきを重視して日本への導入を主張する者もいた。早くも幕末にオランダへ留学していた津田真《ま》道《みち》は一八七四（明治七）年の『明六雑誌』において、「不開化の民を導」くための「法教」として神仏しか持たない日本の人民は愚かな「半開化の民」であり、最も「文明の説に近」い「法教」つまりキリスト教によって「開化」を進めるべき、と論じた（津田真道「開化を進《すすむ》る方法を論ず」）。津田の議論も広い意味での〈欠落説〉だ。

逆に、洋行経験がある仏教僧は、そうした意見が出てくる状況そのものを〈欠落説〉によって捉えた。真宗大谷派僧侶・石川舜台《しゅんたい》は、『明六雑誌』に対抗した仏教雑誌『報四《ほうし》叢談《そうだん》』において、キリスト教採用論は所詮「無信慣習」の人々が欧米の熱に浮かされただけで真の「信」ではない、と批判したのである。(6) 議論の多様性を窺えて興味深い。

この一八七〇年代には、「無宗教」という語が明確に登場してくるとともに、新聞メディア自体も勃興してきた。日本初の日刊紙・横浜毎日新聞が一八七一年に出されたのを皮切りに、一八七二年の東京日日新聞（現在の毎日新聞）、郵便報知新聞など、多くの新聞が発刊されている。これら知識人層向けの「大新聞《おお》」に対し、一八七四年の読売新聞や一八七九年の朝日新聞（大阪）は庶民向けの「小新聞《こ》」と呼ばれた。

日本人無宗教説は堅い話題だったようで、まずは大新聞のほうに出てくる。特に、郵便報知新聞では一八七四年に日本人が「無教無宗」でよいのかどうかという論争が見られ（郵便報知　一八七四・二・一四　涵泳楼主人「投書」、二・一八　柳北迂人「投書」）、さらに一八七八年一月には、管見の限り最も早く「無宗教」という熟語を確実に用い、しかも内容的にもまとまった社説が出ていたことが、今回の調査で明らかになった。

> 今日我国の有様を見るに、幾《ほと》んど無宗教の状なきに非《あら》ず。蓋《けだ》し外形に就《つい》て之を見れば宗教あらざるに非ず。〔…〕維新の初めに当《あたり》て、従来仏教の讐《しゅう》敵たる神道を助《たす》くるに政治の勢威《せいい》を以てしたるより、其勢《いきおい》遂に仏教の敗壊を助成するに至れり。〔…〕儒教の如きも亦《また》、西洋渡来の新主義に排破せられて幾んど滅却に帰《き》せんとするが如し。夫《そ》れ斯《か》くの如く、凡《おおよ》そ日本人民の心裏に於て信奉の目的たる教法は漸次勢力を失うて、殆んど宗教無きの状を呈したる〔…〕（郵便報知　一八七八・一・一九「社説」）

つまり、宗教への政治介入としての神仏判然（分離）とその結果の廃仏毀釈、さらに西洋思想の流入による儒教の退潮で「日本人民」は「無宗教」になったという。

では、日本の「無宗教」とキリスト教はどう関わるか。同年三月の社説は、キリスト教徒の主張する「宗教」と「文明」の結びつきに必然性はなく、むしろ日本における「今日の文明」は「無宗教」の人物と社会状況が作ったものだ、と説いたうえ、「内国無宗教」の日本にキリスト教が入ってくると将来の「開明」を邪魔し「宗教軋轢」も生んでしまう、と結論づけている（郵便報知　一八七八・三・一九〜二〇　杉山繁「宗教新論」）。さらに九月の社説は、日本がすでに「西人」以上の「道徳」を有し、「宗教」としてのキリスト教がなくとも「我輩は本来無宗教の地に充分の康福《こうふく》を達し得」る、と主張した（郵便報知　一八七八・九・六「耶蘇《やそ》信徒ノ不所存」）。前述のI・バードもこの九月の社説を読んでいる（金坂清則訳『日本奥地紀行』一六五〜一六六頁）。

このように郵便報知新聞の最終的な見解は、キリスト教のような宗教が日本にないことは前提としつつ、「文明」の進歩には支障をきたさない、あるいはむしろ有用だとするものだった。日本人は無宗教ゆえに「文明」もないという**〈欠落説〉**に対し、これは無宗教だからこそ「文明」国たりうるとする**〈充足説〉**である。キリスト教導入の立場をとらない人々、たとえば同紙との関係が深かった福沢諭吉や、岩倉使節団の報告書『米欧回覧記』を編修した久米邦武は、〈充足説〉に近しい議論を示していた（福沢諭吉『文明論之概略』二二三～二二六、二七五、三〇四頁、久米邦武編『米欧回覧実記』三四二～三四五頁）。

〈欠落説〉と〈充足説〉のせめぎあい

しかし、一八八六（明治一九）年の郵便報知新聞は「到底宗旨の国となり難《がた》」い日本でも「西洋宗教の利を十分に究《きわ》」めるべきだと説くようになっている。(7) 読売新聞において、「先祖代々の無宗教家」が日本にはとても多いが人々に「信仰心を起《おこ》さ」せなければならない、と論じる記事が出たのもこの年のことだ（読売　一八八六・一二・一一　松屋主人「宗教々育の事に就て教育家に相談す」）。福沢はキリスト教や仏教への関心を深めていき、(8) 同じく当初「宗教を信ずるのは馬鹿な事」と冷笑していた久米も、「十四、五年」が経つと、キリスト教や仏教のような「宗教」を『是非信仰しなければ真の精神的文明は望まれぬ』と感じるようになった（『久米邦武歴史著作集』三二三頁）。〈欠落説〉への転換である。実際、『米欧回覧実記』刊行から一五年後、一八九三年の論文「史学の独立」で久米は次のように述べた。

日本人の宗教心に薄きは、世界の比較上に驚くべき程である。是は神道儒学の論じくずしたる故《ゆえ》ならんという説あるが、是はさに非《あら》ず、全く仏教僧徒の怠りによることです。

〔…〕武士は宗教心に薄いので、〔…〕上流社会はかく宗教のなくても済んだのを見て学者は世の教えを只現世の徳道のみにてよろしい、宗教に必要はないと思う人のみ多いが、是も大きな間違いと思うことまで此に少々論じませう。

つまり、上流階級としての武士をはじめとする日本人における宗教心の薄さを仏教の「怠り」に求めたのである。そのうえで、宗教が特に「必要ある場合」として天皇・女性・障碍者・罪人を挙げている（以上、同右、一二～一四頁）。

逆に、必要から不要へ転じる人物もいた。岩倉使節団の副使だった伊藤博文が一八八八年に帝国憲法の草案を検討した際、ヨーロッパでは「宗教」が人々の心をまとめる機軸となっているのに対し、日本において仏教は衰退し、神道は「祖宗《そそう》の遺訓」を説くとはいえ「宗教」としての力には乏しいため、日本で機軸となりうるのは皇室だけだ、と主張したことはよく知られている（『枢密院会議筆記』）。この時点ではヨーロッパにおける「宗教」の必要性を認めたうえで、日本における代替物を探求していたと言えよう。

その伊藤が、実は一〇年後の一八九八年に次のような談話をも出している。

朝廷に於いて歳時行わせらるる祀祭《しさい》は、則ち皇祖皇宗に事《つか》えさせ給《たま》う所の報本反始《ほうほんはんし》の大礼なり。宗教家が上帝仏陀《じょうていぶつだ》を祈念する類《たぐい》にあらず。故に政治及教育に宗教を混交するが如きは、是れ我が国体及国是に背馳《はいち》するものなり。〔…〕欧米諸国は、元来宗教の国なり。然《しか》も文明の進歩と共に之を教育政治の外に排出せんとするにあらずや。〔…〕我が邦は、維新以来文明富強の国是を取り、宗教の如きは、政治教育の問題外に置きたればこそ、僅少《きんしょう》の年月を以て兎《と》に角《かく》に今日あるを致せり。
〈伊藤侯爵「政治教育と宗教との関係に就て」九頁〉

今度は、「政治及教育に宗教を混交」しない「国体」を有するという日本と、元は「宗教の国」だった欧米諸国のいずれも、「宗教」を「政治及教育」から排することによって「文明」化を進めてきた、と述べ、〈充足説〉に近い議論を示すのである。

伊藤の変化は、ヨーロッパの現状や宗教の機能をめぐる視座が反転したことだけではない。一八八八年には「祖宗」を祀る「神道」を力に乏しいながらも「宗教」の一つに数えていたのに対し、一八九八年には「皇祖皇宗」への祭祀を「宗教」とは本質的にまったく別のものとしているのだ。神道と「宗教」に関する制度史的な前提は日本人無宗教説とも不可分なため、そろそろ解説しておこう。

神道は「無宗教」か？

日本人無宗教説を考えるとき、明治政府による〝国家神道〟が神社を非宗教だと強弁したことが日本人の無宗教意識を決定づけた、と説明されることが多い[9]。これは、一八八二（明治一五）年以降の政策において、仏教や教派神道（黒住教や大社教などの神道系諸派）、さらに後からキリスト教が「宗教」として扱われたのに対し、神社や皇室祭祀がそれらとは異なる存在として制度的に位置づけられていったことを指す[10]。一九〇〇年に内務省神社局と宗教局が別々に置かれたのはわかりやすい例だ。

しかし、すでにI・バードや岩倉使節団の事例を引いたように、神道を「宗教」として認めず日本人無宗教説を生み出したのは、キリスト教を強固な基準とする「宗教」理解それ自体だった。神社非宗教という制度は少なくとも当初はこうした線引きを利用しつつ成立したものであり、その日本人無宗教説への影響力を過度に強調すると他の要因や時代的な変化を見えにくくするおそれがある。ここでは、神道に関する種々の議論のうち明確に「無宗教」の語を用いたものを紹介しておきたい。

まず、一八八七年にセイロン（現スリランカ）へ滞在していた臨済宗僧侶・釈宗演《しゃくそうえん》は、外国人から皇室の宗教は何かと訊かれたときに「天皇陛下は無宗教なり」と返しては「殺風景」なので、祖宗を祀るに過ぎず「純然たる宗教とは認めがた」い神道を答えとせざるをえない、と日記に書いていた[11]。釈は「宗教」の基準として、キリスト教のみならず仏教も強く意識したはずだ。

　釈が日記に書きつけるだけだったのとは違って自説を公表する者もいたが、それは危険を伴う場合があった。久米邦武が条約改正交渉の経験から欧米を意識して書いた一八九一年の論文「神道は祭天の古俗」[12]は翌年、久米が帝国大学の教授職を追われる筆禍事件を招く。久米を攻撃した神道家の一人・宮地巌夫《いずお》は一八九三年、日本が「野蛮」な「無宗教の国」だから「文明国の宗教」を採用すべきだという意味での神道非宗教説があるが誤りだ、と主張しており、これは久米論文のうち、仏教のような経典を有さない神道だけでは日本人は「台湾の生蕃《せいばん》」（原住民）と同じ「蒙昧《もうまい》の野民《やみん》」のままだった、と述べたくだりを指すだろう（宮地巌夫「我神祇は他の宗教の神と同一視すへきものに非す」一二頁、『久米邦武歴史著作集』二九五頁）。〈欠落説〉としての側面が事件の一因となったのである。

　他方で、神道を野蛮であると言わずに「無宗教」へ結びつけること自体は必ずしも問題とされなかった。実は、事件当時の帝国大学総長だった加藤弘之は少し前の一八九〇年、神道が「宗教」としてキリスト教や仏教に勝つことは難しいと認めつつ、その敗北が神道と縁の深い皇室に累を及ぼしてはいけないので神道を「無宗教」として扱うべきだ、と提言していたのだ。加藤は同時に「学問の開けた欧羅巴《ヨーロッパ》」も「無宗教」だと述べる点で〈充足説〉に近い要素を備えており、久米のような事件にはならなかった理由の一つだと思われる（加藤弘之「神道を宗教外に置くの可否」五五二頁）。

無宗教な「上等社会」への懸念

加藤が挙げた「学問」は伊藤博文の表現では「教育」であり、これらと日本人無宗教説の関わりを見たい。戦後と比べた近代の特徴は、教育の有無が社会階級の問題として捉えられていたことである。

まず、岩倉使節団の一人として先述の宗教談義に参加していた福地源一郎（桜痴《おうち》）は、一八七四（明治七）年に東京日日新聞の主筆となる。就任時に設け、「開化」や「文明」を論じた社説欄の初回では早くも、日本人の「教法を信ずる念」が減少し「中等以上」の階級には「最早信仰なし」という状態になったことを「西州」における「信仰の厚」さと比較している（東京日日　一八七四・一二・一二）。さらに一八八三年の社説「宗教論」で、明確に日本社会の「無宗教」を指摘するに至った。

福地源一郎（『明治人物小観』1902年）

宗教の社会に勢力なき国は、未だ我日本の如くなる国はあらざるべし。〔…〕凡《およ》そ今日我国の社会に於て上流に位《くらい》する人、学者識者を以て貴ばれたる人を始《はじめ》とし、学校に入りて聊《いささ》か文字を識《し》るほどの者は、僧侶を除くの外は渾《すべ》て断見《だんけん》の人なりと謂《い》うも可なり。之を一言すれば、日本の社会は断無《だんむ》の見を以て支配せられ、即ち上等社会は無宗教の社会というべき有様なり。（東京日日　一八八三・二・一二「宗教論」）

福地は、主に「上等社会」の知識人を「無宗教」と言いつつ、就学・識字を基準に据えることで知識人層より広い「日本の社会」をも考えようとした（この頃の名目就学率は五割程度である）。そして、近世以来の儒学教育や維新以降の政治による「宗教」への介入など様々な論点を網羅しつつ、当時の教育現場における「無神無宗教」の風潮を批判し、生徒が「自ら宗教心を起」こせるように促すべきだと主張していた（同右　二・一三〜一六「宗教論」[13]）。福地の「宗教論」は、浄土真宗本願寺派僧侶だった同僚記者・干河岸《ひがし》貫一の尽力で、冊子としても公刊されることとなる。

同年末には、後に同志社社長を務める牧師・小崎《こざき》弘道がキリスト教界の新聞『東京毎週新報』紙上で、学者など「上等社会」が元々の性質に加え西洋の「新思想」に影響されてフランス革命時代のような「無宗教」となったことを説いた。そして、「下等社会」は宗教が盛んだがあくまでも「迷信」であり、いずれにせよ「我国」に「正しき宗教」はない、と説明している（東京毎週新報　一八八三・一一・二三　小崎弘道「真正ナル宗教ノ必要」）。

小崎がいう元々の性質や西洋の「新思想」とは何だろうか。一九一三（大正二）年の小崎は、元々「国民が概して宗教に淡泊である」こと、近世の「教育ある社会」が「無宗教主義の儒教」によって養成されたことに加え、一八八〇～八七年ごろの日本の学者たちが、A・コント、J・ミルとJ・S・ミルの父子、T・H・ハクスリー、H・T・バックル、T・ペインらのような「無宗教主義の科学思想」を歓迎したのだと振り返る（小崎弘道『国家と宗教』九五～九六頁）。実際、日本初のキリスト教新聞『七一《しちいち》雑報』では、まさしく一八八〇年にペインの「無宗教」思想を危険視する記事が出ていた（七一雑報　一八八〇・一一・一二「無宗教は邦家の大患」）。日本における「無宗教」の主張は、必ずしも日本人に独自ではなく世界から流入してくる「無神そして無宗教の諸主義〔no-God and no-religion doctrines〕」（岸本能武太による表現。Barrows, John Henry（ed.）*The World's Parliament of Religions* 一二七九頁）としてもありえたのだ。

当時はまだ一少年に過ぎなかった鈴木大拙（一八七〇年生まれ）も、同時期の日本人における「無宗教」の流行を後に大阪朝日新聞で回顧している。

わし等の小さい時分には、スペンサー、ハキスレー、チンダー、ダルウィンなどいう名が、頻りにとなえられて、進化論、唯物主義、不可知論というものが流行した。その勢いに推されたかどうかは、わからぬが、日本人の大抵の人に「君は何の宗教を信ずるか」などと問うものなら「何だ、そんな馬鹿なことをいう奴があるか、おれは無宗教者だ、無神、無仏論を信ずる」なんと剣突をくわされたものだ。（大阪朝日　一九二七・七・四　鈴木大拙「宗教意識の意義（一）」）

H・スペンサー、ハクスリー、J・ティンダルは、一八六四年の英国で「Xクラブ」という集まりを結成し、ダーウィン学説の影響下、宗教のドグマを科学から排除しようと試みた人々だった。(14)

そのような「無宗教」の流行は、これ自体が一つの「宗教」ではないかと反論されつつも(15)根強く続いていく。一八九七年四月の雑誌『帝国文学』は、「俗界中流以上の人」が「予は無宗教という信仰を信仰す」と宣言するような「物質的」「現在的」「現象的」雰囲気を嘆いている（「文士と信仰」四四四頁）。

雑誌『日本主義』の登場と無宗教教育の制度化

こうした状況の極点に登場したのが、翌五月、帝国大学の井上哲次郎やその弟子・木村鷹《たか》太郎らが主唱し、同じく井上門下の高山樗牛《ちょぎゅう》が賛同したことで知られる雑誌『日本主義』だった。[16] 井上は一八九二（明治二五）年末に「教育と宗教の衝突」論争を提起し、ヨーロッパの「無宗教派」にも触れつつ、キリスト教は必ずしも「文明」には結びつかずむしろ国家や教育勅語に反すると攻撃した人物である（井上哲次郎『教育と宗教の衝突』五九〜六三頁）。さらに木村は一八九四年の時点で、キリスト教に加え仏教も含めた「宗教」一般を国家に有害な「迷信」と見做し、排撃していた。

木村鷹太郎（『プラトーン全集』巻十、1925年）

> 宗教とは吾人の所謂迷信を有せるにありとなす、迷信とは之を具体的に云えば曰く神仏、曰く地獄、曰く極楽、曰く因果、曰く罪業等の観念を有し、又たそれに応ずる所の礼拝儀式を有せるものにして、〔…〕これ宗教の学術教育道徳等と異るの点なりとす。
> 〔…〕日本の如きは宗教家少なからずと雖、無宗教家亦

雑誌『日本主義』第1号表紙
（東京大学法学部附属明治新聞雑誌文庫所蔵）

> 多しとなす。而て社会の秩序を保ち来りしものは宗教よりも道徳にあり。（木村鷹太郎「添田寿一氏の論を駁し国家及び教育の点より宗教を論ず」一四、一六頁）

日本には「無宗教家」が多く、その「道徳」によって社会の秩序が保たれてきたという。このような〈充足説〉が雑誌運動化したのが、内地雑居開始を目前に控えた三年後の『日本主義』だった。

個別的なトピックでは、同誌主唱者の一人であった心理学者・竹内楠三《なんぞう》が第一号で、小学校教育に対し「堅実なる無宗教的道徳を涵養する」ことを希望しており、これは仏教界の『反省雑誌』（現在の『中央公論』）が小学校教育の「無宗教」化に危惧を示していたことへの反論だった（竹内「普通教育と宗教」一二頁）。

竹内はさらに、「自ら宗教国と称する欧米」ですら「教育を全く宗教外に独立せしむる」と言い、日本については教育勅語を引いて、学校における宗教教育の禁止を主張する（竹内楠三「宗教学校に対する文部省の方針」一九頁）。文部省が訓令「一般の教育をして宗教外に特立せしむるの件」を発して官公立学校および法令上の私立学校における宗教上の教育・儀式を禁止するのは二年後、改正条約実施に合わせた一八九九年のことだった（宗教教育の場としては各種学校が残された）。福地源一郎らが懸念した風潮は、文部行政の「無宗教制度」化（小崎弘道『国家と宗教』九六頁）にまで至ったのである。

神道に基づく「無宗教の国民」の肯定

右のように「無宗教」を主張した『日本主義』は同時に、あくまでも人間としての「祖先」を崇拝する「神道」は「宗教」とはまったく異なり、「国民の心の深き底」には「真神道」が存在するという前提のもと、「新神道」を主張する運動でもあった（木村鷹太郎『日本主義国教論』二〇～二一、二六頁）。ゆえに同誌では、「国民」全体が神道を奉じ、なおかつ「無宗教」な存在として肯定されていくこととなる（教派神道は「宗教」を脱すべきとされた）。先の加藤弘之による提言をさらに極端化したような〈充足説〉の提示であり、伊藤博文による「宗教」否定との同時代性も窺えよう。和歌山県にある日前《ひのくま》神宮・国懸《くにかかす》神宮の宮司だった紀俊《きいとし》は、「我が国家我が国民は無宗教なり」として次のように主張した。

吾人は純神道則《すなわ》ち日本主義に依《より》て万般の事業を為す。未だ宗教的迷信を知らず〔…〕嗚《あ》呼《あ》吾人は幸《さいわい》にして無宗教の国民として生《うま》れ、鞏固《きょうこ》なる精神を養い現世の幸福を知《しり》て未来

の如何《いかん》を問わず、進取進歩国家の隆盛を見る。実に我皇祖皇宗の鴻恩《こうおん》を謝せざるを得ざるなり。（紀俊「無宗教の幸福」二三頁）

つまり、「迷信」としての「宗教」を持たないからこそ日本人は国家を進歩させることができた、と論じるのである。『日本主義』の編集に携わった國學院出身の国学者・高橋龍雄も、同じく「無宗教の国民」という表現を用いている。

人智発達の今日となりては、却《かえつ》て宗教的国民はその頭脳曖昧濛糊《もこ》にして、無宗教の国民こそ真正の知識をうべき時期に及びしなれ。吾人は吾邦最古の神話中に、一の宗教の種《たね》なかりしことを深く感謝せざるをえず。〔…〕古事記、其他の無宗教的神話の精神は遂に消滅せられずして、滔々《とうとう》数千年神祇《じんぎ》祖先教の一導の命脈が、皇室と共に伝《つたわ》り来《きた》りたるは誠に世界無比ならずや。（高橋龍雄「神代史に於ける新研究」三六頁）

このように「国民」全体を比較して明確に「無宗教」と表現した点が、『日本主義』の新しさだった。一八九四年に日本人が元々「宗教に浅薄なるものあり」と述べ、日本と欧米の「無宗教徒」はそれぞれ「無主義」「有主義」だと比較した仏教徒の議論もあったが（中西牛郎『内地雑居ト仏教之関係』四二〜四三頁)、そこでは国民全体が「無宗教」とまでは言われていなかったのだ。

「宗教」の擁護と神道への呼びかけ

しかし、『日本主義』に代表される「無宗教」の風潮には、当然ながら他の宗教者から反論が出てきた。

仏教界ではたとえば、戒律復興で知られる真言宗僧侶・釈雲照《うんしょう》が「無宗教」との関係で『日本主義』を批判している。釈は、林羅山《らざん》をはじめとする江戸時代の儒者が神道家と結託しながら「天下中等以上の学識を備えたるもの」に「無宗教排仏主義」を広めたことによって「排仏毀釈」を伴う明治維新が起き、その後、洋行帰りの人々が「宗教」の価値を広めたのに対し、「排仏主義の残徒」として「日本主義を自称する者」が出てきた、という(東京朝日　一八九九・五・一三〜六・四　釈雲照「国民教育の方針」)。この文章を東京朝日新聞に掲載したのは、福地源一郎のくだりで登場した記者・干河岸貫一だった。

キリスト教界では、後に同志社大学総長となる組合教会牧師・海老名弾正《だんじょう》が『日本主義』発刊の直前、「日本宗教の帰着する所」が「根拠浅き忠君愛国宗」や「唯物無神の無宗教」になることをすでに危惧していた(海老名弾正「日本宗教の趨勢」一二〇頁)。

ここで着目すべきは、この海老名が木村鷹太郎ら「新神道」の「無神論」に反論すべく「神道の宗教的精神」を持ち上げたように（海老名弾正「神道の宗教的精神」二六六頁）、『日本主義』発刊前後の「無宗教」批判においては、神道を「宗教」の仲間として取り込もうとする議論がしばしば見受けられることだ。前述の干河岸貫一は仏教雑誌『三宝叢誌《さんぼうそうし》』の論説欄で、「社会の上流」における「無宗教論者」に対して次のような説得を試みた。

若《も》し霊魂あることなしとすれば、我邦に於て大小の神社を奉祀《ほうし》するもの、皆仮設にして、其の実《じつ》、神の威霊《いれい》あることとなしとせんか。死後魂神滅無《こんしんめつむ》なりとするは、啻《ただ》に宇内《うだい》各宗教に背くのみならず、亦帝国臣民たるものの敢て口より出すべからざるの暴論なりと謂うべし。〔…〕今の無宗教論者は、儒をも貶しまた宗教をも捐《す》て、まさに我神道をも有名無実視するに至らんとす。（桜所市隠「無宗旨論者に質す」三頁）

干河岸は、「霊魂」を無視しては「帝国臣民」が重んじるべき「我神道」も損なわれてしまう、という論法で「宗教」の価値を主張するのだ。かつて干河岸が、「神道を以て国体と」することに「宗教」の自由選択という観点から反対した一八七〇年代に比べると（郵便報知　一八七四・七・三一　干河岸貫一「建白」）、「無宗教」への危機感という状況変化が窺える。

また、一八九八年に小崎弘道が創刊した「宗教主義」の雑誌『新世紀』では、メソジスト派牧師・本多庸一《よういつ》（青山学院院長）が、「今の国粋家」によるキリスト教撲滅運動に対し、「神仏共に宗教」だから「物質的文明」や「無神論」に対抗するうえでの「味方」ではないか、と呼びかけ、特に「無神論者の巣窟」としての大学から「神道の大敵」が出てきていると論じた（本多庸一「観瀾漫評」四九頁）。

「信仰」への関心と宗教学の台頭

では、大学の状況は実際のところどうだったのか。東京帝大教授のR・ケーベルは、一八九九（明治三二）年の読売新聞で次のように述べている。

現に大学学生の中などでも信仰を有して居るものは全くない。是れ日本が全く無宗教なる第一の証拠である。彼等学生は全く宗教を有しないが、然《しか》し私が宗教の話をするときには非常に興味を見出して居る。彼等は云って居る、日本では一の宗教を新《あらた》に打立《うちたて》ると。然し宗教は決して発明や創造の出来るものではないので此の如き批評的にばかり見居るから宗教がないのである。（読売　一八九九・四・一一　フヲン、ケーベル博士「外人の眼に映ずる日本（四十）」）

ケーベル自身の意図はキリスト教基準の〈欠落説〉にあるものの、学生は特定の信仰や宗教を持たない一方、宗教そのものには非常に関心を持っているというのだ。同時代の意識調査とも符合する見解である（元良勇次郎「日本現時学生の宗教心に関する調査の報告」三〇〜三一頁）。

大学以外の事例としては、東京専門学校（後の早稲田大学）に在学した作家・中村吉蔵《きちぞう》が、関西文壇を代表する雑誌『よしあし草』において「物質的現実的無信仰の社会」への危機感を示し、「大信仰に熱する社会を作」ることが青年の天職なのだと述べている（兜庵「信仰無き社会と文学」）。宗教界に限らない社会の問題として、「信仰」の必要が意識されるようになってきたのだ。

実は、宗教を語るうえで「信仰」という言葉が中心的な位置を獲得するのはこの一八九九年頃から一九〇〇年代にかけての現象であり、それと同時に、「文明」のような他の価値に還元されない「宗教」独自の本質として、超越性との実存的な関わりが見出されることとなった。[17] 読売新聞でも一九〇二年の投書欄に「信仰」による「無宗教」批判が見え、「信仰」を核とした「宗教」理解の一般化を窺えよう。

迷信家を攻撃せらるるのは有り難いが、何《ど》うか迷信と信仰とを混合して無宗教を奨励せぬようにお願い申す。無宗教者は飢えたる獅子の如しと申《もう》しますぞ。（読売　一九〇二・五・六「はがき集」）

煩悶して泣く人に「信仰」の酒を飲ませる宗教画の風刺画。神父と僧侶を混ぜたような風貌をしている。（「東京パック」第3巻第19号、1907年）

帝大で井上哲次郎とケーベルに学んだ宗教学者・姉崎正治《あねさきまさはる》はこうした思想状況について、宗教や信仰を排斥した日清戦争後の「国家主義」教育が破綻したため、学生青年が人生に「煩悶《はんもん》」する「信仰問題」が生じたのだ、と説く（姉崎正治『国運と信仰』三四三〜三四四頁）。姉崎による宗教学講座が東京帝大に開設されるのは一九〇五年のことであり、「文明の一大危機、国運の一大転機」（同右、三三四頁）とも呼ぶべき思想の動揺のなかで、国家における

「信仰」や「宗教」の必要、そして宗教学の有用性が認められていったことが見てとれる。

姉崎正治（東京大学宗教学研究室所蔵）

「大和魂」を持ちだす〈独自宗教説〉の出現

宗教学という学問知の台頭は、キリスト教や仏教を絶対的な模範としない形での「宗教」認識[18]、そして日本人無宗教説への反論としての〈独自宗教説〉を容易にした。たとえば「日本人の無宗教なるに仰天したり」と演説した救世軍のW・ブースに対し、一九〇八（明治四一）年の読売新聞記者は観察不足だと批判している（読売　一九〇八・二・二九　白眼子「編輯室より」）。また、神道界の新聞『神風《じんぷう》』には一九〇九年、キリスト教や仏教を信じないものは「無宗教」で「野蛮」だという〈欠落説〉を、「宗教」概念の「横領」だと非難する記事が出た（神風　一九〇九・二・五　天保老人「再び宗教に就て」）。

後者を著した人物・三橋中雄が〈独自宗教説〉の具体的な中身と考えたのは、神道に加え、日清戦争後の社会で強調されるようになってきていた「大和魂」や「武士道」だ（神風　一九〇九・四・五　天保老人「再び宗教に就きて（承前）」）。すでに三橋は一九〇〇年、『日本主義』にも参加した水戸学者・内藤耻叟《ちそう》が国学系の『大八洲《やしま》雑誌』で「我国には宗教なし」と題する〈充足説〉を示したのに対し、「日本《やまと》魂」こそが神代以来の日本の「宗教」だと反論していた。

如何なる卓見にて我国には宗教なしと断言せられたるにか〔…〕宗教的観念は天地開《かい》闢《びゃく》と同時にすでに具備《ぐび》しつつあるものにて、〔…〕日本魂是なり。（三橋中雄「宗教の事につきて」五四〜五五頁）

ロシア「あいつが、黄色い異教徒のガキが！」
女神「でも彼は古き良きクリスチャンのやり方であなたをぶっ叩いたんですから」

キリスト教国と「文明」的戦闘を表す風刺画。女神はCIVILISATIONの書を手にしている。
（*LIFE* vol.44, no.1144、1904年9月）

大和魂を持ちだす〈独自宗教説〉は、日露戦争を経ると三橋のような神道論者に限らず一般的にも説かれるようになっていく。一九〇四年の都新聞主筆・宮川鉄次郎は、日露戦争の開始により、ロシアという「耶蘇教国の不仁」、そして「耶蘇教国」でも「仏教国」でもない「宗教自由の国」として武士道・大和魂と仏教を結びつけ守っ

宮川寿美子（大濱徹也『ひとひらの雪として』1990年）

てきた日本の「仁」が明らかになったのだ、と「宗教上には無色」の立場を名乗りつつ主張した（都　一九〇四・九・七　雲外「耶蘇教国の汚辱」）。

他にも、東洋英和女学校と女子高等師範学校に学び、後に東京家政学院を創立する教育家・宮川寿美子（鉄次郎とは無関係）は、日露戦争当時の留学先・英国の教会で聴いた説教の内容として、「露国はキリスト教国で有りながら神の御心を行って居」らず、「元来キリスト教国ではな」く「無宗教国のように思う人もあ」る日本は「大和魂という立派な精神を造りし宗教を有《も》って居」たから戦争に勝つことができた、という話を紹介する（宮川寿美子『三ぼう主義』一八三〜一八四頁）。

〈欠落説〉は植民地へ

一方で宮川自身は、英国留学の前に教員として赴任した沖縄を、「さびしき慰安者もなく、忠告者もなき殖民地」、日本人が「宗教」で「清め」るべき場所だと表現しており（同右、二〇三〜二〇四頁）、大和魂という「宗教」の存在を認める日本内地とは違い、宗教不在の地域として沖縄を位置づけていたものと思われる。

二〇世紀に入ると帝国の学知たる宗教学が沖縄民俗をも「宗教」として対象化しはじめる一方で、依然「一般沖縄人は無宗教」と否定的なニュアンスで捉える文献もあったという(19)。北海道についても、先述した筆禍事件直後の久米邦武が日本の神道と「あいぬの蛮俗」との同一視を避ける意図を表明したように（読売　一八九二・四・九　久米邦武「正誤を求む」）、無宗教をめぐる議論はしばしば、欧米から向けられた〈欠落説〉を転用する形で帝国の周縁と自らを差異化する欲望を伴っていた。

新たな植民地となる韓国も、日露戦争を経て日本人無宗教説に関わってくる。評論家・大町桂月《けいげつ》は、日本が韓国を保護国にする一九〇五（明治三八）年の著作において次のように述べた。

大町桂月（『文豪大町桂月』1926年）

> 無宗教の民というものの中にも、真に全く教なきものと、普通の宗教以外、教あるものとの二種あり。朝鮮人の如きは、前者也《なり》。〔…〕厄介なるはかかる国民也。欧米人は皮相の観察を下して、かかる民と同じく我日本人を無宗教の民と目すべけれど、実際は武士道あり、日本的儒教もありて、普通の宗教よりも更に高等なる教ある也。

神宮で大元帥として戦勝を奉告する明治天皇
（『近事画報』第74号、1905年）

（大町芳衛『わが筆』一九頁）

同じ「無宗教の民」でも、日本は「高等」で、韓国は「厄介」なのだという。

そして大町は、日露戦争で天皇が大元帥となったことなどに触れながら「日本に皇室ある限りは、必ずしも、宗教あるを要せず。陛下は、実に現神《あきつがみ》なれば也」と述べ、「伊勢の大廟」（神宮）の尊さとも結びつけながら、「皇室中心」が「日本の国教」だと唱えた（同右、二〇～二二頁）。このように、韓国への〈欠落説〉による差別意識と、皇室およびそれに関わる神社の存在が、大町の〈充足説〉を支えるようになったのだ。

韓国併合後の事例としては、日韓両国のメソジスト派宣教監督を務めたM・C・ハリスが一九一一年、過去五〇〇～六〇〇年のあいだ「全国皆無宗教」だった朝鮮に対し、神仏儒を有する日本は「従来と雖《いえど》も無宗教に非」ず、と比較したうえ、伊藤博文が統監となったことで朝鮮の「宗教は復古した」のであり、「文明の発達の為《た》め神が日韓両国を合併せしめたる也」とまで述べている（日布時事　一九一一・三・九「朝鮮の宗教　ハリス老博士昨日桑港を出発す」）。ハリスは、日本によって「文明」化されるべき「無宗教」の国として朝鮮を見下しており、その担当者はかつて「宗教」を否定したはずの伊藤とされた。

他方、日露戦争への勝利は日本とイスラム圏をも接近させることとなった。日本の戦勝に触発されて一九〇九年に訪日したロシア出身のムスリム、A・イブラヒムは、日本人の生活様式におけるイスラムとの共通性や布教可能性を確信しつつも、「日本人に形而上のことがらを納得させることはしょせん無理」であり、「宗教に欲求をもたない日本人」には中国市場開拓におけるイスラムの有用性という経済上の利益を強調しなければならない、と観察した（小松香織・小松久男訳『ジャポンヤ』四四五頁）。帝国の外からの目線はあくまでも冷静だ。

公娼制度と日本人無宗教説

植民地という差別構造が日本の境界をめぐって存在していたのに対し、内部的にはどのような差別化があったのだろうか。

実は、先ほど「無宗教」を説いていた大町桂月は、「迷信」と「宗教」を結びつけたうえで、「迷信」を脱することの「男らし」さを語っていた（大町芳衛『わが筆』六四頁）。また、女子教育の先駆者・下田歌子は一九一〇（明治四三）年、「日本人民は宗教に於いては初歩であるとかいふ」説を否定するなかで「正統な宗教」を信じるのは「女らし」くよいことだと述べている（下田歌子『婦人常識の養成』一〇二、一一三〜一一四頁）。あるいは一九〇六年の『中央公論』は、「男女学生」の風紀問題は「無宗教」に由来するとして「宗教道徳」による「文明」を対比した（「学生風紀の堕廃は無宗教の弊ならざるや」三頁）。このように、日本人無宗教説と「文明」をめぐる様々な議論は、ジェンダーやセクシュアリティに関する次元を不可分に有していたのである。

ここでは特に、今まで登場した人物が公娼制度にどのような反応を示したのか見てみたい。まず、〈欠落説〉の立場は廃娼の主張につながることがあった。たとえば先述した一八八三年の小崎弘道による「無宗教」論は、「不信迷信の世は不品行の世」であり、正しい「宗教」の不在が買春や蓄妾といった「男女間交際の汚穢」を招く、と続いていた（小崎弘道「真正ナル宗教ノ必要」）。

特徴的な例では一九一一年の宮川寿美子が、植民地を「清め」る「宗教」布教者が争うべき相手として、同じく日本から進出する「島田髷」つまり娼妓を名指ししたほか、現状の日本が「神聖なる神と申《もうす》観念の乏しき証拠」の一つに、娼妓がその「罪」を恥じず神聖な神社へ参拝することを挙げた（宮川寿美子『三ぽう主義』二〇四〜二〇五、二八八頁）。いわば、宗教を持たない日本人として小崎があくまでも男性の側を問題視したのに対し、宮川は娼妓を想定するのだ。

逆に、〈充足説〉をとる人々は廃娼自体に反対した。小崎や宮川のように、廃娼論者にはキリスト教徒が多かったことが一因である。一九〇〇年、雑誌『日本主義』の関係者が中心となって刊行した論集『娼妓存廃の断案』では、加藤弘之や編者が日本人無宗教説との連関をほのめかすほか（坂常三郎編『娼妓存廃の断案』三四〜四五頁）、加藤の次に配された木村鷹太郎の文章が、両問題をはっきりと結びつけている。

近来日本の思想は〔…〕西洋的思想を丸呑みとなして、之を我社会成立の歴史及び民性に就きて考《かんが》うることを為さず、〔…〕西洋心酔に非ざれば、耶蘇教なり、耶蘇教に非ざれば耶蘇化したるナマイキ青年仏徒なり。〔…〕国家は宗教の国家に非ず。〔…〕『人道』何かあらん、『文明』何かあらん。〔…〕吾人は存娼を以て今日の社会に善なりとなす、（同右、七五〜七七頁）

つまり、無宗教である日本の国家・社会や「民性」には、キリスト教や仏教といった「宗教」者の廃娼論ではなく存娼こそが合うと主張するのだ。存娼を説くためには、「人道」や「文明」といった観念すら「何かあらん」と見捨てられている。

この章のまとめ

以上、本章で眺めてきた幕末～明治期の日本人無宗教説を、改めて整理してみよう。日本人無宗教説は、開国による欧米のキリスト教徒、特にプロテスタントとの接触から始まった。日本人の宗教状況を書き記した欧米人の多くは近世以来の儒学教育や仏教の衰退による上流階級の「無神論」と下流階級の「迷信」を指摘し、「文明」の象徴としての「religion」に日本人が無関心だと考えた。

それを受けた日本人の側では一九世紀後半のあいだ、欧米に追いつくための「文明」化に「宗教」が必要か、それとも不要・有害かという二つの立場が拮抗した。いずれの論者も日本人の現状が大まかに「無宗教」だということ、「迷信」を捨てるべきことは共通の前提としたうえで、「宗教」と「無宗教」のどちらに基づく「文明」を選ぶべきか、どちらが「迷信」なのかを争っていたのだ。「宗教」こそ必要だとする〈欠落説〉がキリスト教や仏教との関係で説かれたのに対し、「無宗教」のままでよいとする〈充足説〉は西洋の無神論や儒学・神道と結びつきながら勢力を伸ばしていった。

一九世紀末には後者の「無宗教」思潮が極点に達するが、そこから二〇世紀初頭にかけて、人々が「信仰」を希求するとともに宗教学という学問が台頭し、さらにキリスト教国たるロシアへの戦勝もちょうど組み合わさることで、議論の状況が大きく変わった。欠落説への反論として「大和魂」を持ちだすような〈独自宗教説〉と、日本こそが世界における「文明」国だという列強意識が同時に生じたのだ。「文明」は、欧米に追いつくためではなく、日本が世界を先導するという文脈で論じられていくようになる。

さて、一九一一（明治四四）年の読売新聞では、宗教の無用や「無宗教」を説く「秋風《しゆうふう》派」と、無用論に反対する「春風《しゆんぷう》派」が論戦を繰り広げた（読売 一九一一・六・三〇「ハガキ集」）。争いはその後、元号をまたぐ。着目すべきは、秋風派のなかにも、「勿論自分は無宗教主義だが」と言いつつ「腐敗した仏教、基督教等を排して我神国固有の一種の宗教を立てたいと思っている」（読売 一九一一・八・二三「ハガキ集」）と主張しはじめる者がいたことだ。「無宗教」を自認する個人でも新たな「宗教」への参与を目指すことが可能になったのであり、その点で、「信仰問題」に取り組んだ知識人の団体・帰一《きいつ》協会を「無宗教」の立場から支援した渋沢栄一[20]は象徴的だろう。

帰一協会の設立は一九一二年六月で、先立つ二月には内務省が教派神道・仏教・キリスト教の代表者を集めた「三教会同」を開催している。こうした動きの前提となったのが、一九一〇年の大逆事件に象徴される社会主義への危機感だった。「無宗教」という語が反天皇制の色彩を帯びる可能性も出てきたことで、日本人無宗教説を取り巻く状況は変わっていくことなる。

註

(1) 渡辺京二『逝きし世の面影』第一三章、渡辺浩『東アジアの王権と思想』二七一～二七三頁も参照。

(2) 山崎渾子『岩倉使節団における宗教問題』七二～七四頁、小倉慈司・山口輝臣『天皇と宗教』二〇一～二〇五頁、西田みどり「久米邦武の宗教観」一一～一二頁など。

(3) 山崎渾子『岩倉使節団における宗教問題』八一～八三頁。

(4) 比較思想史研究会編著『明治思想家の宗教観』二〇頁、鈴木範久『明治宗教思潮の研究』一四～一七頁。

(5)『久米邦武文書』第三巻、一二三頁、髙田誠二『久米邦武』一四一～一四二頁、山崎渾子『岩倉使節団における宗教問題』二〇六頁、安岡昭男「岩倉使節と宗教問題」二四一頁、『田中不二麿関係文書』一八六頁。

(6) 呉佩遥「「文明」の時代における「信」の位相」一〇頁。

(7) 山口亜紀「矢野文雄『周遊雑記』における自由主義思想」二七頁。

(8) 比較思想史研究会編著『明治思想家の宗教観』六〇～六二頁。

(9) 阿満利麿『日本人はなぜ無宗教なのか』一〇一～一一一頁、など。

(10) 佐々木聖使「神道非宗教より神社非宗教へ」など。

(11) 山口輝臣「釈宗演」二一四頁。

(12) 山崎渾子『岩倉使節団における宗教問題』一五六頁。久米事件については木村悠之介「宗教」も参照。

(13) 磯川全次は、文中に出てくる「断見」(因果を否定する誤った考え) が仏教用語であることから、福地のいう「宗教」がほぼ仏教を指すと分析する (礫川全次『日本人は本当に無宗教なのか』一四四～一四八頁)。しかし福地は「欧米文明」の「開明富強」が「宗教」としてのキリスト教に基づく教育によってもたらされたと言い、日本の学校でキリスト教や仏教の「経典」を直に教えるのは不可だとも主張しており、仏教・キリスト教に偏らない「宗教」の必要性を見据えていたと思われる。羽賀祥二『明治維新と宗教』(五七八～五八一、五九三頁）も参照。
(14) 松永俊男『ダーウィンの時代』三六二〜三六三頁。
(15) 井上円了の例。星野靖二「日本文化論の中の宗教／無宗教」一八七頁。
(16) 詳しくは、木村悠之介「新神道とは何であったか」で論じた。また、中川洋子「『令知会雑誌』に見る明治仏教史」七九頁も参照。
(17) 星野靖二『近代日本の宗教概念』二一三〜二一五頁。
(18) 山口輝臣『明治国家と宗教』第二部第一章。
(19) 及川高『「宗教」と「無宗教」の近代南島史』九四〜一一一頁。
(20) 山口輝臣「「無宗教」の実業家が「宗教」を支援すること」。

第二章

無宗教だと国力低下？——大正〜昭和初期

坪井俊樹

大正時代は明治天皇の死去によって始まり、関東大震災、第一次世界大戦と大きな事件が続く。その中で日本人の無宗教性は、文明よりも〝国力〟、社会の結束力・レジリエンスや戦闘力の有無に結びつけられていったことが新聞紙面から窺われる。

天皇のために祈る群衆は宗教的か

明治天皇の病状悪化が報じられた一九一二（明治四五・大正元）年七月下旬以降、多くの人々が二重橋前で天皇の病気平癒を祈るために自発的に集まった。東京朝日新聞の記事によれば、七月二七日の午前中だけでも、針按協会の視覚障碍者一〇〇人、福宝館という映画館の職員三〇〇人、軍艦「摂津」の乗組員一五〇人、天理教信徒の団体などが遥拝を行い、神道や仏教の団体が掲げた提灯の下で大般若経や般若心経を唱える者、黙禱する者がひしめき、

御真影に祈る親子（上）と二重橋で祈る老僧（下）
（帝国軍人教育会編『御大葬写真帖』大成会出版部、1912）

老若男女ともに涙を流していた。記事は、大君への人々の真心を見ることは「国民を導くべき最好の実物教育」であり、「末代迄の語り草」となるから二重橋へ向かうべきだと駆り立てる文で終わっている（東京朝日　一九一二・七・二八「二重橋前　聖上快癒の祈願　国民至誠の発露」）。

死去当日の読売新聞の報道では、祈る人々の様子に驚嘆する欧米人特派員の声が紹介されている。イギリスの特派員は、英国王の死去に際しても国民が平癒を祈ったが、二重橋での礼拝はそれを超えており、日本人の君主を慕う情は欧州の精神的教訓となり、日本人の態度は永世にわたって平和の保障となると論じた。アメリカの特派員は怪奇な光景として驚嘆し、ドイツの特派員は身分にかかわらず皇帝を慈父と仰ぐ「美わしの光景」を見て、日露戦争に勝利するわけだと感じたという（読売　一九一二・七・三〇「御悩と外人記者」）。

当時、この群衆の祈りは宗教的な行為ととられたのだろうか。間近に観察した宗教学者・姉崎正治は同年八月に「二重橋外の祈禱に就《つ》きて」という題で論評を連載した。姉崎は、古代から天皇の危篤の際には祈禱が行われてきたが、個別の祈りはあってもこのように集団化することはなかったという。それは「集会言論の自由」と「人民が社会的に活動する力と習慣」を身につけたことによると分析している（朝日　一九一二・八・一三　姉崎正治「二重橋外の祈禱に就きて　一、祈禱と社会的心理」）。

そして、その集団性は西洋のキリスト教における「聖霊復活《リヴァイヴァル》」集会と同種であるとし、その点では宗教現象としてみなしつつも、宗教心の未熟さを指摘している。その理由は、祈り方がバラバラであることに加えて、

> 注意す可《べ》きことは此等《これら》熱誠発表の間に講中気質《かたぎ》の表われて居《い》たことである。講中とは色々の宗派で団体を組織して題目、念仏、其他順礼〔巡礼〕等を為《す》る組合で此等の組合間には平素から負けず嫌いの競争心が強烈である。〔…〕講中気質の根本は矢張《やは》り宗教心に在《あ》るが、それが斯《かく》の如く競争的に現れる場合には、本来の宗教心でもなく、又愛国心でもなしに、唯一種の負けず嫌いと言うとに現われる〔…〕。（東京朝日　一九一二・八・一三　姉崎正治「二重橋外の祈禱に就きて　一、祈禱と社会的心理」）

というように、江戸っ子がライバルの組に負けるまいとするような競争心が先走っているという。さらに、不幸がふりかかると神仏に祈るが、その効果がなければすぐに「神も仏もない」とする信仰の弱さを挙げている。

多くの新聞を見ると崩御の翌日あたりに「国民の熱誠も遂に神明の容《い》るる所とならず崩御在《あ》らせられた、世界には神も仏も無いのか」と云う意味の文章が沢山に見えて居た。〔…〕宗教心の真味を解せぬ人々は御平癒を祈る場合には知らず知らず熱誠を表したが〔…〕其事《そのこと》が済んで見ると是迄《これまで》の熱誠が冷た如く、昨日迄の熱禱は夢の如くに消え去って残る処は只物悲しい、物淋しい不安失望の如き情のみである人も尠《すくな》くあるまい、斯の如きことは一時の発作的宗教心で〔…〕（東京朝日　一九一二・八・一五　姉崎正治「二重橋外の祈禱に就きて　三、祈禱と吾人の理性」）

そして、キリストや釈迦の弟子のような、平生からの信仰と永遠の慰安がもたらされる信仰が必要だと説くのだが、そのような宗教心の涵養が個々人の生活だけでなく「忠君愛国の生活」にも大きな力になると結んでいる。天皇崇拝的な祈禱を宗教心へと昇華させ、それをまた愛国心の増強につなげよと論じたのである。これは、日本人には宗教心が足りないから忠君愛国のパワーがなお不足しているという〈欠落説〉である。

日本人無宗教説の〝国力〟化

姉崎のみならず、第一次世界大戦前後の日本人無宗教説も欠落説が大半である。それらの説では、無宗教は社会的機能不全、あるいは「堕落」として現れる社会的弛緩の原因とされている。

典型的なものとして、一九一五年の京都日出新聞の「今日の宗教」と題した社説がある。「経済的貧乏に於て第一等国である我が日本は宗教的貧乏に於て又第一等国である」という挑発的な一文で始まるこの記事は、今日の日本では文明国中に類例を見ないほどに宗教の権威が失われていると指摘する。宗教の衰退の原因の一つは科学の発展だが、宗教そのものも堕落しており、「極言すれば成形宗教は既に亡んでいるのである、眼前に存在しているものは空しき形骸のみである」、多くの既成宗教・宗派が醜悪な内紛を抱えており、「仏法は全滅するの外はない」と批判している。そして、日本の現状として、

欧米では科学者であっても、無宗教、無信仰を標榜するものの甚稀《はなはだ》であるのに、日

本では科学者でなくても、平気に無宗教、無信仰を公言するものが多い、日本では祖先伝来の家々のお宗旨と云うものが今日では殆《ほとんど》何の意味もなく、只葬式の時にのみ位役に立つのであって、欧米の如き有力な社会的機能を働かない、此の如きは畢竟彼我の社会事情の相違から起るのであって、其の又社会事情の相違と云うのは彼我民族性の相違から起るのである。（京都日出　一九一五・三・一一「今日の宗教（中）」）

と論じる。その日本人の民族性とは、いい加減なところで妥協し、気が変わりやすいというもので、だから伝統的な宗教の権威も失墜したのだという。

大戦下の欧州の動向が日々報道される中で、戦争という文脈の中で国力と道徳、宗教の関係について論じる記事も現れる。一例を挙げれば、敵国であるドイツと日本の宗教観を問う、長尾半平九州鉄道管理局長が一九一五年に行った「教育と宗教」という講演を掲載した記事がある。

長尾によれば、ドイツ国内では十分な石炭採掘と食糧生産が行われ、「国民の何事にも徹底して思慮分別の遺漏なく行届いて居《い》る」性格のために長期戦に耐えているが、「普仏戦争以後戦勝の余威を逞《たくましゅ》うして自負心が増長し」、権力と正義を混同したために国民の精力は道義的根源から断絶しており、その枯渇は近い。しかし、それ以上に日本の道徳規範は失われており、高潔な愛国者も私生活では不道徳だと長尾は批判する。教科書疑獄事件などの汚職や数多くの選挙違反が発生している日本の政界の道義心は極めて低いし、商工業の従事者には武士道精神もないため信義の重要性を理解しない者が多いと言うのだ。政治家や実業家は公然と愛人を持ち、買春をし、他方熱田神宮や本願寺、曹洞宗などの「世の中の風教感化に向って重要なる責任の位置にあるもの」もまた腐敗や内紛の渦中にある。教育を通じた矯正についても、日本の国家主義教育はコントやミル、スペンサーなどの影響を強く受けた「無神無霊魂無宗教主義」であり、「「権力即ち正義である」主義の実行を助長」させかねないものであるとする。カント等の人格的教育もまた、ドイツの戦局悪化により破綻しており、「著しい勢力を以て人道正義の根本的主義の下に立つ所の教育」を戦後の日本は目ざすべきだとしている（福岡日日　一九一五・四・二二〜二六　長尾半平「教育と宗教」）。

この論調は長尾がキリスト教徒で禁酒主義者であったことにもよるが、シーメンス事件などの政財界の腐敗が次々と明らかになり、大正デモクラシーの機運が高まる社会情勢の中で、日本の精神的・道徳的風土に対する懐疑が広がっていたことが窺われる。大戦末期の一九一八年には、救世軍の山室軍平が、女性を中心とする禁酒運動と廃娼運動が浸透したイギリス社会と比較して、日本が大戦で得たものは物質的富と浮華軽薄の風であり、経済的発展により酒色におぼれるものが増え、精神的に覚醒するところがなければ情けないことだという論評を記している（東京朝日　一九一八・一一・四　山室軍平「真剣に覚めた　酒と女の浮た夢から」）。

無神論的ドイツの敗戦の衝撃

一九一九年、世界大戦がドイツの敗戦によって終結したことは、ドイツの学問を何にも勝る模範としてきた日本の知識人に強い衝撃を与えた。「神は死んだ」のフレーズで知られたニーチェの国、宗教を否定する唯物論者のマルクスの国が負けたのだ。

一九一九年に床次《とこなみ》竹次郎内相を招いて築地本願寺で行われた仏教各宗派の会合では、大戦は「基督教的道徳の破産」を示したと布教使たちが息巻いたという。真宗大谷派の朝倉慶友《けいゆう》は、デモクラシーやボリシェビキズムは平等を説きながら親子・強弱などの差別を無視するキリスト教道徳の破産によって生じたものであると語り（読売　一九一九・六・二四「今次の大戦は基督教的道徳の破産だ」）、仏教者の優越意識がこの上なく高まったことが読みとれる。

イギリスへの留学経験を持つ大谷大学の仏教学者、山辺習学は、「欧米より帰りて」というエッセイを一九一九年に連載している。街中に迷信的な施設がなく、小学校から大学までキリスト教を通じた修身教育が行われているイギリス社会を見て、人間の物質化を防ぐためにも国民の宗教的教化が必要だとしている。そして、日本の政界における宗教への関心の欠如を批判し、宗教としての内容をもたず国民の血となり肉となることがない神道や、信徒が少なく外国の経済的援助から離れられないキリスト教には国民教化を任せられないと説く。そこまでは以前の欠落説と類似しているが、結論において、それまで日本人が「欧米の凡てを買いかぶり過ぎた」ことに反省を促し、第一次大戦を期に、日本の「国民のもてる真の天地」に帰るべきだと説いている。

さらに山辺は、ドイツだけでなく勝った方のフランスも宗教を軽視したために惨状に至ったと論じている。

久しく偏智主義と、物質的快楽主義に国民の心霊を荒らした仏蘭西は、今回の大国難によりて、真実に彼女のもてる領地に立ち返った。それは即ち羅馬教〔＝カトリック〕の復活である。各教会には堂々たる大学教授も敬虔の頭をうなだれて、雛僧《すうそう》の説教にも、熱心に耳傾けつつある。独逸は戦前に於いて、急速なる的運の隆盛を計って、各大学は殆ど全く無神論者の教授をもって満たされ、そして男女関係の如きも、一般に道徳的に取扱はず、単に科学的に取扱った為めに、伯林の如きは、世界無比に醜態を外に洩らしたと称せられた。今日まで日本の文教の中心たる各大学は殆ど独逸流の学者に満たされた。その結果は今日の荒れ果た日本の心霊界を現出するに至ったのである。千三百年以前、我聖徳太子は、憲法十七条を制定して、「篤く三宝を敬え」と訓令し、身親《みみずか》ら衆とともにこれを実践せられた。
今や我日本は、此偉大なる日本文化の創始者に帰命せねばならぬ。かくすることによりてのみ、我国民は帰るべき処へ帰り、進むべき道に進むであろう。(東京朝日　一九一九・一二・五　山辺習学「欧米より帰りて　三、聖徳太子に帰れ」)

聖徳太子の思想を日本人の思想の原点とする言説は、一三〇〇年遠忌にあたる一九二一年前後に増加し、太子を「皇道の羽翼として儒・仏・老の教を摂取」し、学問・文化を綜合統一した人物として顕彰する『国体の本義』(文部省編『国体の本義』一一七頁)のように、昭和戦前期の国体論の中で盛んになるが、本エッセイはその初期のものと位置づけることができる。

震災後に宗教家は役割を果たしたか

宗教家ではない新聞記者には、宗教は信仰や道徳を説くだけでなく人々を実際に救っているかを問題にする者もいた。一九二三年、関東大震災の半年前の読売新聞には、ヨーロッパでも戦争に苦しむ人々を宗教は救っていないから宗教離れが起きていると論じる社説が掲載された。この記事はまず、一方には宗教を広める宗教家が、他方にはそれに反発する大衆がいると述べる。前者の例としては二年前に大本が徹底的に弾圧された（第一次大本事件）にもかかわらず、また新しい教団を興す者がいること、また「旧思想を代表し」「軍人を会長とするような集団には日蓮宗のような威勢のよい宗教の信仰が著しく浸み込んで居《い》る」こと、すなわち新宗教と日蓮主義が台頭していることを示している。後者の例としては前年の中国での反キリスト教運動を挙げている。そしてそれらの相反する動きは、宗教は現実の不条理から目を背けさせるだけで、実際には人々を救っていないから起こるのではないかと論じている。

最近代に、宗教が人類の信仰心から遠ざかりつつあるのは、〔…〕それは欧州大戦のような、あれほどの人類苦悩の大舞台に宗教力が何の働きをもしない。また、宗教は、現前の社会に現れて居《い》る社会的不合理には態《わざ》と目を閉じて、それを回避するばかりか、不合理をそのままに肯定するような、運命とか、諦めとかの理法を持ち出して、強いて不合理に忍従させようとする。これが社会意識の鋭い近代の大衆にとって、堪え得られない反抗を宗教に向ける訳である。（読売　一九二三・二・一九　社説「宗教と反宗教」）

社説はそこから、「宗教は霊を救うものである」が、近代以降の宗教は、民衆の「悩まさ

1923年9月19日、被服廠跡地における遺体火葬と大法会（内務省社会局編『大正震災志写真帖』1926年）

れる根本が、どこにあるかを考えて、そこから其《その》救済」をすることを始めなくてはならないと説いている。貧困や戦災に苦しむ人々を今救わなければ意味がないだろうというのだ。そして、キリスト社会主義や救世軍は、そのような救済を「幾分か」提供しようとする点で「強味がある」が、「教理に於いて錯誤があり」、限界を有する。仏教はいっそう「現実社会の闘争状態」に解決を与えておらず、無力であると批判している。

この半年後に大震災が起きたのだから、震災後の宗教家による救援活動に対して厳しい目が向けられたのも理解できる。震災から四カ月後の読売新聞の投書欄には、「無宗生」を名乗る人物からの批判が掲載されている。投稿者は、被災翌日に見かけた「本教会避難民は来れ」という幟を掲げたキリスト教の救援隊を追跡したが、無数の避難民が水の供給に感謝する一方、信徒だと名乗り出る者や入信する者は皆無であったとして、宗教の売名・宣伝的行為だと批判し、同時に「満員につき檀家の外お断り」として避難民の受け入れを拒否した寺院があったとも告発する。商売根性やいがみ合いは人心が落ち着いてからやるべきであり、それればかりに浮身をやつすならば宗教と名乗るべきではないと皮肉を述べている（読売　一九二三・一一・二七　無宗生「宗教家へ」）。

震災一周年追弔式と「無宗教葬」

関東大震災の一周年に、震災の被害がもっとも大きかった被服廠跡地にて東京府・市連合主催の追弔式が行われた。報道した朝日新聞の記事ではこれを「無宗教式」と形容してはいないが、その一時間ほどの式の後、神道連合主催の一年祭典、仏教連合主催の一周忌法要が続いているため、特定の宗派色のない式と位置づけられていたことがわかる。早朝から人々が集まり、会場に密集した群衆が唱える念仏のために府知事らのあいさつがかき消され、けが人が出るほど多くの賽銭が投げ込まれたと書かれている（東京朝日　一九二四・九・二「黙想瞬間の全市」）。

震災1周年、無宗教祭壇（上）と都議会議事堂での黙禱（下）（『東京震災録 地図及写真帖』東京市、1927年）

東京全域では午前一一時五八分になると汽笛が鳴り響き、人々が黙禱を捧げたさまが詳しく描写されている。これは当時の皇太子が御所で黙禱すると発表したのに対して東京市が同調し、市民に提案したもので、全市民・国民が一斉に黙禱するのは歴史上これが初めてであった[1]。明治天皇の死去の前後に、それぞれの宗教に則る多様な祈禱が自然発生したのに対して、この時は特定の宗教色の無い黙禱という祈りが一律に行われたのである（同右）。

関連することとして、「無宗教葬」という表現で報道される葬儀がこの前後から新聞紙上に登場することにも触れておきたい。宗教的儀礼を伴わない葬儀は一九〇一年に死去した中江兆民によってすでに行われているが、当時の報道では「前古無比の奇式」「無神無霊魂説の実行」（東京朝日　一九〇一・一二・一八「中江兆民居士告別式」）といった表現が用いられた。

それに対して、震災直後に甘粕正彦らによって殺害された大杉栄とその家族の葬儀において、著名人の葬式ではじめて「無宗教葬」の表現がなされた（読売　一九二三・一二・一六「きょう大杉栄氏の無宗教葬　谷中斎場で午後二時　二十一労働団体主催で」）。その後も堺利彦（東京朝日　一九三三・一・二八「故堺利彦氏の無宗教葬　きょう青山の盛儀」）や小林多喜二（東京朝日　一九三三・二・二三「小林多喜二の無宗教葬」）など、社会主義者を中心に無宗教葬という名称と方式が定着し、人々にもその存在が知れわたったといえる。

当時の無神論者の思いの複雑さを示す例として、震災二周年に無神論者を自認するジャーナリストが邦字新聞に寄せたエッセイに触れておく。中外商業新報記者であった清沢洌《きよさわきよし》によるものである。関東大震災で妻子を失った筆者が、太鼓の音を聞いて「神を信じ得ず、仏が盆に出て来ることを信じ得ない無神論者の、ハートの底から来る冷たい」淋しさを感じたという語りがなされている（新世界　一九二五・九・一　清沢洌「自由鎗　無神論者の淋しみ」）。

首相の祭文（『東京震災録 地図及写真帖』東京市、1927年）

米国での排日運動と日系人に関する無宗教説

前章では日本の帝国主義化の過程で、沖縄や朝鮮を無宗教とする説が生まれたことを取り上げたが、この章ではアメリカの日系人をめぐる無宗教説に注目しよう。

一九二〇年代に入るとアメリカでは日系人排除の動きが強まり、二四年には排日移民法が制定されるに至った。この時期の邦字新聞には、日系人がアメリカ社会や国際社会に受け入れられない理由をその無宗教性に見出す論説が現れている。

一九二〇年に、リビングストン在住の千葉政という日系人による「排日の基因と人生観」という論説が邦字新聞に発表されている。そこでは、日系人に対する人種差別は、人種そのものよりも人種を代表する人生観の相違にあるとしている。「我々は国民として外に人間として何等かの人生観、理想乃至《ないし》信仰を有するや」と問いかけ、「外部より観て少なくとも我々は無宗教、無信仰の移民と認め」られているとして、霊的諸機関をもって同胞を覚醒し、人生観の人、理想追求の人を輩出して東西の文明の基本義を戦わせることが、日本人種の永久的勝利につながると訴えている（日米新聞　一九二〇・一・九　千葉政「排日の基因と人生観」）。

日系人社会において、無宗教であることが否定的に報じられた事例として、不当解雇への怒りから雇い主の子供を殺害したホテルのボーイ福永寛（**Myles Fukunaga**）の事件報道がある。この事件に対する後年の研究では、ハワイの人口の四一％を占め、社会における存在感が強まる日本人移民への白人社会の危機意識が、ことさらに彼の処罰を急がせた、つまりは人種差別の犠牲者だったという評価もなされている。[2] だが、当時の邦字新聞の報道ではその経歴が詳細に扱われ、家は真宗だが、青年はキリスト教会にも行っておらず無宗教であることが強調されている（日米新聞　一九二八・一〇・四「布哇少年誘拐惨殺事件の犯人福永青年はどんな男」）。また、死刑執行後の一九三〇年には、ニューヨークの日本人キリスト教会で、牧師が、福永青年を凶行に駆り立てたのは物質主義と金銭偏重の唯物主義であり、獄中で神の悟りをきくやその非を悔い、処刑に際しても立派な態度であったとして、無宗教が犯罪的思想を生んだという説教をしている（日米新聞　一九三〇・九・二五「無宗教の福永は唯物主義の犠牲だ」）。これらの記述からは、凶悪事件を起こした人物を、日系人社会から逸脱した存在として切り離す姿勢がうかがえ、その一環として、キリスト教や仏教などの信仰を持つ「我々」と無宗教の福永という構図が作られたことが指摘できる。

昭和初期の無宗教をめぐる議論

昭和初期の新聞には、神社非宗教説に基づく〈国家神道〉体制下では、無宗教でいることの自由が守られないという意見が現れるが、時代の趨勢としては、「反宗教運動」と呼ばれたマルクス主義・社会主義運動が台頭し、そのような動きを警戒した政府はむしろ宗教教育を学校に導入する方向に動く。

元号が昭和に変わる少し前だが、事実として「宗教的色彩を帯びている神社を宗教にあらずと強弁し」、全国民に崇拝させるのは「実質においては国教主義」であり、キリスト教や仏教の信者はもちろん、宗教をもたない人の自由をも侵害すると論じる寄稿が朝日新聞に掲載された。戦後に最高裁判所長官となるカトリックの田中耕太郎によるものである。

> 神社がもし宗教なりとすれば他の宗教に関する者例えば仏教信徒キリスト教信者および多数の無宗教者は神社を拝せざるを得《う》ることになる。〔…〕
> 政府において叙上の解釈をとるも事実神社において宗教行為が行わるる限り〔…〕他の宗教を信ずる者および無神論者は良心に忠実ならんと欲すれば勢い神社に対する関係において困難な立場に陥らざるを得ぬ。〔…〕殊に一定の官職にある他の宗教の信者が職務上の行為をなし又はその地位に伴う儀礼等に列席し得るに際し又は信者の子弟たる小学児童の神社参拝の場合等に問題が起ることを往々耳にするのである。（東京朝日 一九二六・八・五　田中耕太郎「法と宗教生活　三（続き）」傍点筆者）

特定の宗教を持たない人を「無宗教者」と表現し、その数が多いと指摘していること、また、学校で神道という特定の宗教の儀礼を全児童に強制することの問題が明確に指摘されているところが興味深い。

だが、多くなるのは宗教を信じない自由をも守るべきという意見よりも、国民の無宗教化は問題であり、宗教を否定する「反宗教運動」や学校での宗教教育を禁じた政策をどうにかせよという意見だった。戦後に文部大臣に就任する安藤正純衆議院議員（政友会）が一九三一（昭和六）年に発表した「時局と宗教問題」という論説を取り上げてみよう。反宗教運動については、

反宗教運動が現在の既成教団や各種宗教家のやっている迷信的な反社会的な行為に反対するというのなら意味がわかるが、人間の宗教心までを否定しようとするのは愚劣至極である。と共に国家の施設である宗教統制擁護の撤廃や社寺に対する国家の保護に反対する行動に対しては遂にその勢いの激するところ違憲行為となる傾向を持っている。之に対して政府当局は十分警戒するようにしたい。もし之を放任すれば却《かえ》って過失をおかさすことになると共に却つて種々の反対の社会精神の不健康を惹起すかも知れない。

（読売　一九三一・六・一　安藤正純「時局と宗教問題」）

とある。この運動に関する議論は次節の後に取り上げる。宗教教育について安藤は、

人格の基礎を作るためには宗教の外はない。教育の根底には宗教がなくてはならないと信ずる。それで政友会では教育制度の根本改革案を作製しつつあるが、〔…〕精神教育のために中等学校に宗教科を設けることにしたいと望んでいる。明治以後の教育は宗教的な精神の陶冶を軽んじたために形式ばかりになった。それが今日の思想悪化の一因であるから、我々は此際《この》断乎と教育の宗教化を行う決心である。（同右）

と論じている。

この後、一九三五（昭和一〇）年に政府は教育政策を転換し、道徳教育を補完するための宗教教育の学校への導入を認めることにした。文部次官通牒「宗教的情操教育の涵養に関する留意事項」により、特定宗派・宗教の教育は依然として禁ずるが、一般的な宗教的情操の涵養は行ってよいとしたのである。

家庭教育で無宗教に対抗

教育に関する記事では、女性の識者による宗教教育論もいくつか紹介したい。いずれも、家庭教育、とくに母親が子供に教えるものとして宗教教育が扱われている。

一章でもとりあげた、東京家政学院を創立した教育者の宮川（大江）寿美子は、神仏の信仰に基づく「すべし」を子供に教えることで、成長したのちも子供の道徳心を保つことができると説いている。そして、徳川時代には民家に必ず神棚や仏壇があり、日々お礼の祈りを捧げる「美しい心掛け」が存在したが、明治以降の宗教の軽視によって「無宗教」を誇る者すら現れ、尊崇や敬虔の念は失われ、権利と義務だけの人間関係や殺伐とした闘争を生んだと批判する。学校教育でも宗教的道徳が説かれるべきだが、宗教の多様性を尊重する必要から、宗教教育は家庭で行われるべきだと訴えている（読売　一九三一・三・一五　大江寿美子「三つの当為」）。

司法省嘱託少年保護司からも、母親がまず宗教をもつことが少年の不良化を防ぐと訴える投稿がある。

不良少年少女は多くどんな家庭から出るかと申しますと、殆ど宗教的信仰の無い家庭からであります。殊に宗教的信仰のない母若《も》しくは保育者に育てられて来た少年少女に不良傾向の多いのは大に注目すべきであります。

大正十二年以来私の取り扱った多くの少年の中で宗教的信仰のある家庭の少年が一人ありましたが、三つ子の魂百までと云う諺に漏れず、子供の時に母から植えつけられた宗教的情操が発芽して、その後刻苦勉励今は模範青年となって居《お》ります。

たとえ一旦誤って不良行為に陥りましても宗教的信仰のある家庭に育った子供ならば必ず悔悟致します。よって一家の主婦若しくは主婦となるべき婦人は是非とも宗教的信念を養っていただかなければなりません。（読売　一九二七・六・一四　吉田春「不良児は無信仰の家庭から　母親は宗教を持て」）

続いて宗教教育や仏教研究への関心の高まりを歓迎し、子供の将来の幸福を願うならば仏教に対する厭世的といった偏見を排し、宗教的信念を養うべきだと主張している。

この寄稿からは、保護対象となるような貧困層に無宗教が広がっていたことが窺われるが、実際のところはどうだったのか。一九三七年に東京の王子区の要保護者世帯で行われた調査結果が朝日新聞に掲載されている。それによれば、区内の四〇〇四の要保護世帯のうち、無宗教者は「僅に」三世帯だった。この数字をどう解釈するかは一つの問題だが、この時の記事はこの数を驚きをもって報じ、「貧困者が如何に日常生活を宗教に訴え縋ろうとしているかが数字に示されている」と記している（朝日　一九三七・四・一五「無宗教は三世帯　王子要保護者調べ」）。貧困層の間に実際に存在する信仰は、道徳とは無関係な神頼みの類にすぎないと見られていたのだろうか。

「反宗教運動」の発足

社会から宗教を排除しようという社会主義者の「反宗教運動」は一九三〇年代に始まった。背景には一九二七年の金融恐慌や一九二九年の世界恐慌などによる経済不安がある。前節のような、貧困層を「宗教」によって救えという意見に対し、逆に「宗教」から解放せよという運動が高まったのである。

一九三一年一月に、大正大学の宗教学者・矢吹慶輝は、読売新聞に「宗教界予言」というエッセイを寄稿した。マルキシズムに基づく無宗教・非宗教論と、宗教教団への批判・暴露が強まること、教団内にもプロレタリアート運動がおこること、宗教を私事とする宣言がなされること、将来的には社会主義運動にも宗派が生まれることを予測している（読売 一九三一・一・七 矢吹慶輝「年頭偶語 宗教界予言」）。

矢吹のこの「予言」は、同年のうちにほとんど現実のものとなった。社会主義運動の台頭とともに、反宗教のイデオロギーも表面化し、一九三一年四月には秋田雨雀らプロレタリア科学研究所の関係者を中心に反宗教闘争同盟が結成された。指導者のひとり高津正道は、宗教の「害」「阿片毒」から無産大衆を守るために反宗教運動を行っており、それが宗教心の篤い者から反発を受けるとしても、労働者層の「半信の徒」を宗教の害から遠ざけることのほうが重要だとしている（読売　一九三一・三・一一　高津正道「反宗教の立場から（二）」）。この運動に仏教・キリスト教系大学の学生や、一部の僧侶も呼応したことは宗教界に衝撃を与え、宗教家・大学教授からなる対抗組織である反宗排撃連盟が結成された（東京朝日　一九三一・六・七「「反宗運動」が醸した法城擁護の新運動」）。

同年九月には日本戦闘的無神論者同盟も結成された。その機関誌では、「ギマン的な「挙国一致」のファシズムと神主坊主共の戦争ケシカケと戦え！」と題して「満蒙国策」に従う宗教家を徹底的に批判し、「神道はこの日本の好戦主義の支柱だ」と訴えている（『戦闘的無神論者』一九三二年一二月号 六〜九頁）。また、「工場から農村から」という投書欄では、岡山の農村で金光教の指導者が農民組合の支部長を買収して組合を潰したとか、成田山新勝寺の「身代り札」は地主・資本家階級である僧侶が民衆を搾取するための欺瞞である（『戦闘的無神論者』一九三二年一二月号 一四〜一六頁）、といった告発がある。支配階層と宗教の癒着や、戦争への積極的協力がマルクス主義者の間で宗教への不信の原因となっていたことが指摘できる。

言論界・宗教界からの反論

当時の論壇はこの運動をどのような視点で見ていただろうか。新聞には次のような反論が寄稿されている。文筆家の昇曙夢《のぼりしょむ》は、反宗教は迷信や社会的弊害の除去には有効だが、内面的宗教の排撃は不可能であり、マルキシズム自体が宗教的信念たりうる以上、内面的宗教の否定は自滅につながるとした（東京朝日　一九三一・五・二八　昇曙夢「近頃の感想」）。また、東大助教授であった宗教学者の宇野円空は、日本において、宗教が「無産階級への阿片的効果とか、またその資本主義擁護の機能」を有しているかは疑わしく、宗派的対立のために宗教の効果は善悪ともにはなはだ弱く、「既成教団の搾取や豪奢の暴露にいたっては、批判の標準が封建的な道徳じみたのが多く、これまた実勢の貧弱さに無智な空疎な攻撃にすぎない憾《うらみ》がある」としている。そのため、反宗教運動の主張は現状への認識を欠いた被害妄想的なものになりつつあり、「宗教の根本的否定の立場から出立しながら、既成宗教のほかに宗教そのものへの考察を欠くのは、それの致命的な難点」であり、「宗教をつねに有神観すなわち人格的神霊の観念に基づくとする偏見は一部の仏教者の汎神的若《も》しくは無神的な宗教観に対して、それを問題の圏外におく」ものになっているという運動への厳しい批判を述べている（大阪毎日　一九三一・六・一〇〜六・一一　宇野円空「認識不足の反宗教運動」）。

　同時代の仏教書にも、反宗教運動に関する記述が散見される。たとえば古義真言宗の福場保洲は、反宗教運動は、強力な国家権力への攻撃の矛先を無力な宗教界に向けたにすぎず、宗教の腐敗を暴露する戦術は、かえって仏教の問題を可視化し、その純化を助ける。唯物論が唯一の哲学だと誤解されることを恐れ、宗教家自身も現状認識と将来の策を考えるべきであるとしている（福場保洲「反宗教闘争同盟」二三九〜二四七頁）。浄土真宗の多田鼎は、仏教の本義は、自身の本質に目覚めさせ、その完成に向かわせることにある。本義に背く行為が反宗教者に謗法の行いをさせていることを懺悔し、教団を改革することが務めであると論じている（多田鼎「反宗教運動に対して」九二〜九三頁）。一部の宗派内からは運動への賛同者が現れていたにもかかわらず、このように自宗の問題点をあぶり出すチャンスとしてとらえ、運動による攻撃を軽いものととらえた者もいたことがわかる。

キリスト教指導者の中では、一九二九年に始まった「神の国運動」を一九三四年の終了時に「極端なる左右両翼の思想、さては反宗教の運動」と善戦したものと総括した海老沢亮の記述（読売　一九三四・一〇・二〇　海老沢亮「キリスト教の近況　上　神の国運動の終結に因みて」）などが見られ、従来の伝道活動を継続し、反宗教運動のオルグの対象となる労働者・農民への布教を通じて運動に対抗しようという意識があったことが確認できる。

壊滅する反宗教運動

以上のように反宗教運動は新聞をにぎわしたが、またたく間に衰退することになる。一九三一年八月に爆弾テロの疑いで反宗教連盟のアジトが特高に摘発され、九月には反宗教の講演会において秋田らも検束された。さらには満州事変の勃発により日本はファシズム体制に進み始めた。反宗教運動や無神論を唱える活動家への弾圧は続き、一九三四年に特高に治安維持法違反で検挙された「日本戦闘的無神論者同盟」のメンバーだった男性は、「天皇陛下に反対するやつだから、誤って殺しても、おれ（取調官）は罪にならない」と言われて拷問を受けたと語っている（朝日　二〇一五・八・一二　増谷文生「（戦後七〇年）一〇六歳、伝えたい戦争したかつての日本に似てきた【大阪】」）。検挙された社会主義者の一部は転向声明を出し、新聞でその手記が取りあげられることもあった。三谷芳江という仮名の女性は、「自然主義思潮に溺れて、宗教を持たなかった自分」をおぞましく思い、真正の宗教を否定する思想と自身の無批判さを悲しみ、文化文明の総てを包含するものを求めながら、宗教ではなく「マルキシズムの偶像に拝跪」したと自己批判している（読売　一九三四・九・二九　三谷芳江「なぜ、私は転向した？③」）。

運動家を検挙するだけでなく、家庭の中にも管理が入り込んでいった。一九三三年には、特高の思想検事が演説の中で、青少年が赤化しないためには、家庭内で子弟の読書、通信、外出関係を注意深く監視し、「家庭的で献身的」な母親が、「現代のブルジアー家庭の腐敗堕落無宗教の家庭愛なき生活」を打破して家庭生活を充実させることが重要だと説いている（神戸又新日報　一九三三・一〇・一七「赤化思想撃退　官・民相つどい大評定開かる　足立警察部長

の発案　日本最初の催し」)。家庭内での母親主体の宗教教育を官憲レベルで要求していたことがわかる。

この間、宗教学者・姉崎正治が、一連の反宗教運動に関する論考「宗教のいのち　「反宗教」運動と現代の「非宗教」傾向」を東京朝日新聞に寄稿している。そこでは、反宗教運動はソ連における反正教会運動のまねにすぎず、強い力ではなかったとして、「仏教又はその他の宗教の大部分」が「真に宗教としての生気を喪失した存在となりつつあるという事」が問題だとしている（東京朝日　一九三三・四・一二　姉崎正治「宗教のいのち（一）」)。そして、なぜ宗教が「生命」「いのち」を失ったのか、それは将来回復できるかについて論じている。まず、宗教の衰退の原因としては、一つには経年による形骸化という一般的なもの、もう一つには近代特有の科学主義とスピード重視の風潮による「非宗教的傾向」があるという。

現代は自然科学と機械産業とを主導力とし、人間の生活も思想感情も、その勢力に動かされ、現代人は如何にしても又どこに行っても、そのふん囲気を脱し得ない。科学の方法は実験と測定とであって、これ等の方法で確定し得ない事を総て不信す、〔…〕この気風は宗教の信仰的な態度を排除するのみならず、道徳でも芸術でも、理想とかめい想とか〔…〕を総て不信用と見る。〔…〕

次に機械産業からくる社会的気風のもっとも見やすいしるしはスピード熱、反面からいえば休みないあせりと、何事についても質よりも量に走る気風にある。〔…〕機械仕かけ、大量生産、スピードアップ、大衆運動、終には黄金狂、然してエロでもグロでも総てテンポを早めて、チエスタトンを踊りぬいて終にぐたぐたに倒れるまで行かなければ止まる所を知らぬ様な気風これがいわゆるモダンだという。此の如き気風が「非宗教」になるのはもちろん、道徳も法律も、何でも彼でも総《すべ》てもったいぶったものを破壊しなければやまぬという気風はどこの国にも現れている。おちつきだの、寛裕だの、安心などという要素は人生に無意義だと見る。（東京朝日　一九三三・四・一三　姉崎正治「宗教のいのち（二）」）

しかし、「いのちの事実のみならず、その意義」は科学では解決できず、「人間のあらゆる能力、知と情と意志と感情と、理想と信仰とを総動員して」解釈すべき問題であり、それが「古から哲学や宗教として人間を動かしてきた力である」と言う。その問題は今も将来も消滅することはなく、「宗教のいのち」はそこにあるのだと論じている。

人間はどこまでも、己のいのちの意味を知ろうとする。〔…〕その源が神霊と呼ばれると否とに拘らず、その行末が如何なる天国浄土であるにしても、何かの帰依信頼を求め、何かの希望理想に生きようとする。それが即ち宗教のいのち、又いのちの宗教である。然して現代文化が、測定と数量と、スピードと黄金とで、人間を殺そうとする危機が切迫するに従って、このいのちの要求は益《ますます》痛切になりつつある。（東京朝日　一九三三・四・一四　姉崎正治「宗教のいのち（三）」）

明治時代に宗教は文明化を促進するのか阻害するのかという論点と不可分だった日本人無宗教説は、この論説では大きく反転している。宗教は、物質的な文明化ではもたらされない生きる意味を与えるものとされ、無宗教日本の現状を憂えるという、ここまで紹介したものとは別種の欠落説である。

社会不安の拡大と「宗教復興」

反宗教運動が下火になったころ、仏教学者を中心に「宗教復興」の機運が生まれた。この単語が新聞上に登場したのは一九三二年のことで、増谷文雄の読売新聞への寄稿の中で触れられている。増谷は、世相が物質的・精神的に行き詰まり、ファシズムや白色テロが横行する時代において、「国体の淵源する日本精神」と「東洋文化の精粋たる仏教精神」の再興が試みられていることを「宗教復興」と呼んだ（読売　一九三二・六・一四　増谷文雄「宗教復興に当面して・仏教研究の新傾向を見る1」）。ただし、仏教学は、古典的・好事家的研究に埋没し、現実社会との関係を喪失しているため、精神生活の支柱となる仏教精神をもたらし難いと論じた（読売　一九三二・六・一五　増谷文雄「宗教復興に当面して・仏教研究の新傾向を見る2」）。

宗教復興が社会的ブームとなったのは一九三四年のことであった。この年、NHKラジオの「聖典講読」という番組において、浄土宗の友松円諦による「法句経」の講義と真言宗の高神覚昇による「般若心経」の講義が人気を集めたのをきっかけに人々の宗教への関心が高まった。友松らは超宗派的仏教復興運動として真理運動を興した。この流行は全国的なものになり、同年一〇月には文部大臣が浅草寺の住職や神道本局の管長、天理教の管長ら四〇人を招き、社会教育に関するヒアリングを行うまでになった（東京朝日　一九三四・一〇・一四「文相に招かれて　宗教復興を煽る　一流宗教家の集い」）。

翌年年頭に読売新聞が実施したインタビューで、長谷川如是閑は、日本の宗教復興は原始宗教的なものよりも文化宗教的な傾向が強く、世界的に強まる社会不安の中で日本は比較的余裕を持っている証左であると語り、三木清はより高級なジャーナリズムが仏教に現れない限り仏教復興は下火になるだろうと予測した（読売　一九三五・一・五　合評「一九三五年の政治・思想の主流的動向3」）。実際、仏教を中心とする宗教復興の動きは翌年以降急速に下火になり、ほとんどマスメディアに現れなくなった。

一九三六年には、プロレタリア作家から禅僧になった宮嶋蓬州が、「悟らない宗教界」というエッセイを発表し、宗教復興運動を宗教者の立場から総括している。出版やラジオを通じた宗教ブームは、人間の心の宗教心を店晒しにはしたものの、歴史に残るような教義上の論争も優れた宗教文学も見られなかったとしている。そして、宗教復興の根本的な部分を理解している宗教者もほとんどなかったこと、宗教者が「人間の心に喰い入る努力」をしなかったこと、非常時の殺伐とした社会において人々は自己に徹することを求めているにもかかわらず宗教家は自心を知るに努めないことを批判し、神仏にすがる時代は去り、聖者はただ自己の中に求めるべきだ、としている（読売　一九三六・一二・一三―一二・一五　宮嶋蓬州「昭和一一年度の宗教界2～4　悟らない宗教界」）。

社会不安の中で、個人レベルでの心の平安を求める人々のニーズによって広まった宗教復興の動きは、その思想の深化が不十分であったために一過性のブームに終わった。そして、人々の不安を煽動することで成長し、強い宗教性の興奮を伴ったファシズムの潮流に日本社会が飲み込まれることになる。

日本人無宗教説の中断

国体明徴運動の中で、一九三七年に文部省が刊行した『国体の本義』では、「敬神崇祖《けいしんすうそ》の精神が、我が国民道徳の基礎をなし、又我が文化の各方面に行き亙って、外来の儒教・仏教その他のものを包容同化して、日本的な創造をなし遂げしめた」とある。同書の論理では、祖先崇拝と、その延長上にある天皇・神社崇拝は、「天や天国や彼岸や理念の世界に於ける超越的な神の信仰」という西洋的な「宗教」を超越した、「日本人」全員が行うべき道徳とされている（文部省編『国体の本義』一〇七頁）。同書が教育機関等を通じて全国民に普及し、日中戦争の激化の中で一種の聖典として受容されたことで、「反宗教」「無宗教」を主張し、神社・天皇・祖先の崇拝を拒否することはより困難になった。

一九四〇年の宗教団体法の施行以降、マスメディアにおける無宗教論も鳴りを潜めた。その最末期の記述として、マルクス主義から仏教徒へ転向した文芸評論家、亀井勝一郎の一九四一年の寄稿がある。「明治以来、仏教は国民の精神生活から遊離し、基督教もいまではその魅力を全く失っているし、宗教教育という面も随分軽視されてきた」が、今こそ「祖師の精神に還れ」と説いている。それは伝統回帰という意味ではなく、「戦争や生活苦からくる国民の呻きや憂いや慟哭が、信心発生の根源」なのだから、民の心に還れということだとし、自らの範とする祖師として、聖徳太子、親鸞、クリスチャンの内村鑑三を挙げている。そして、これからの宗教改革は、農民や満州の開拓移民、下層の労働者などの間から生まれるだろうとも述べている。既成教団や官憲は民の心をつかみ損ね、感覚がずれているからだと、エピソードを示して締めくくっている。

いかなる凡夫にも一念というものはある。一念なくして生き難い世の中だと、事態が改めて我らに教えたのである。

内村鑑三が、近世日本の世界的人物として二宮尊徳をあげたのは注目すべきことだ。彼は「報徳記」を、バイブルを読むような気持で読んだといっている。今の宗教家や宗教政策家の目のつけどころと全然ちがう。一ヶ月ほど前の某新聞の三面記事で、神祇院が敬神思想普及のため浪花節を利用するという話をきいたが、こういう目のつけどころに、現代の何ともいえない悲惨な性格がある。（読売　一九四一・四・九　亀井勝一郎「祖師の精神に還れ」）

このような議論すら、この後は影を潜めていく。戦時下の主要な新聞では無宗教に関する言及さえもなくなった。

この章のまとめ

明治時代に文明との関係において展開された日本人無宗教説は、第一次世界大戦、関東大震災などを背景に、大正時代には〝国力〟の指標に変わっていった。明治天皇の平癒祈禱のために集まった群衆のエネルギーは、忠君愛国の力の量という文脈でとらえられた。他方、日本では仏教をはじめとする既成宗教が衰退しているという認識は新聞紙上で広く共有されており、その表れとして道徳の欠如がしばしば指摘されたが、それも単に個人の生き方の問題としてではなく日本社会の荒廃の原因として危機感をもって語られた。不良少年を国家のために献身するまじめな国民へと矯正するために宗教が役立つとされたのである。海を渡った日系人の間でも（戦時下で問題になる天皇への忠誠という点以前に）その無宗教性がアメリカの統合を妨げるという理由で社会から警戒されているという理解が定着していた。

上流階級と下流階級を分けて無宗教性を論じるという特徴は明治から続くものだが、文明から切り離されることによりそのロジックは変わった。上流階級は学があるから無宗教、下流階級は非科学的な迷信を信じるという分け方よりも、後者は生活の困窮ゆえに宗教を必要とするという論調が多くなる。それは一見正反対の立場にある、宗教を貧困層にとってのアヘンとみなす社会主義者にも、社会福祉的観点をもつ宗教擁護者にも共通する視点だった。昭和に入ると、世界恐慌による経済状況の悪化がこのような見方をいっそう強化した。

大正時代はまた女性運動が展開したことにより、新聞での女性のプレゼンスも増す。だが、日本人無宗教説に関する女性からの投稿の内容は、女性に良妻賢母の役割として家庭内宗教教育を促す保守的なものだった。

昭和初期の反宗教運動は一過的なものに終わったが、論点は、宗教が貧困層に対する搾取を正当化しているという問題だけでなく、挙国一致のファシズム化や宗教家・教団の戦争協力の問題にも及んでいた。ところがそれに反論する記事や関連資料は、いずれも後者の問題には言及せず、純粋な内面的信仰は大切だという論に終始した。その点では、生の意味づけに宗教の存在意義を見出した姉崎の寄稿も変わりはなかった。こうして、「無宗教」を名乗れば「反宗教」的社会主義者として弾圧される危険性が高まり、同時に公称では「非宗教」とされる国体思想がいっそう強化され、アジア太平洋戦争に突入していったのである。

註

（1）粟津賢太『記憶と追悼の宗教社会学』一三六頁。

（2）Jonathan Okamura, *Raced to Death in 1920s Hawai'i: Injustice and Revenge in the Fukunaga Case.*

第三章

無宗教だと残虐に?――終戦直後〜一九五〇年代

藤原聖子

「神国」と信じた日本の敗戦と天皇制国家体制の崩壊は、人々の世界観・価値観に大きな転換をもたらした。ぽっかりと生まれた「精神的真空」(連合国軍最高司令官マッカーサーの言葉)に向かってアメリカからキリスト教宣教団が送り込まれ、国内でも「神々のラッシュアワー」[1]と形容されるほど数多くの新教団が出現し勢力を伸ばした時代としてイメージされがちである。この時代を無宗教説という視点からとらえると何が新たに見えてくるだろうか。

宗教は「平和」を作るものに

宗教は平和を作るものだ、またそうあるべきだという考えには、読者の多くも同意するかもしれない。だが、歴史的に見ればこの考えはそれほど自明なものではない。なんといっても前章で示したように、敗戦までは宗教は国力=戦力を高めるものだという、正反対ともいえる考えの方に説得力があったのだから。

この宗教観の転換は戦後まもなく起きたようだ。宗教心がある人は平和を志向するものだという説が公的な場で急に浮上したのである。敗戦のちょうど一年後の衆議院本会議において、「宗教的情操教育に関する決議」が行われた。新憲法公布の前である。決議にあたり、議長はまず「民主的かつ文化的国家を再建し、世界恒久平和に寄与すべく全国民をあげて奮起すべき」旨を述べた。続いて宗教的情操教育の決議案が上程された。前章でも触れたように、宗教的情操教育とは、特定の宗教・宗派の信者を養成するのではなく、一般的な宗教心を涵養する教育である。決議案には、「世界恒久平和運動を展開」するために「宗教的自覚による四海同胞、隣人愛、社会奉仕の思想を普及徹底させると共に、宗教的情操の陶冶を尊重せしめ、以て道義の昂揚と文化の向上を期さなければならない」という文章があった。

朝日新聞の報道によれば、この決議案には「珍しく提案者に質問あり」、それは無所属の細迫兼光《ほそさこかねみつ》からの「本決議は果して恒久的世界平和確保に力あるものであろうか。戦争中に戦争防止、戦争反対の信念を披露した宗教家があるか、宗教的情熱のみでは戦争を防止できない」というものだった。これに対して提案者の進歩党の地崎宇三郎《ちざきうさぶろう》は、「これにより隣人愛による運動を展開したい、人間の生活中には宗教的信仰をもつことが必要である」と答弁した。採決の結果、共産党および無所属、社会党の一部を除き、多数で可決した。これを受けて田中文相は「宗教は道徳に生命を、人類に希望を、政治に理想を、世界に平和を与えるもので、過去の民族的、個人的利己主義を克服して、道義頽廃から国家を救うには教育の中に宗教的情操を浸透せしむる以外にない」と述べた（朝日　一九四六・八・一六「宗教情操教育決議案を可決」）。

このやりとりについて朝日の記者は、細迫の突っ込みは鋭いと次のように評価している。

まさに変革につぐ変革の一年であった。〔…〕しかしこれからの一年こそが、歴史の最も重大な年となるのである。美しい夢の様なことを述べて手をたたいているときではない。

前から問題となっていた「宗教的情操教育に関する決議案」が皮肉にも、この日（敗戦一年後の八月一五日）上程可決された。提案者（進歩〔党〕）はしきりに「戦争は罪悪である」と説き、宗教的自我の否定、それによる隣人愛、同胞愛、これにつらなる人類愛〔が〕、しかして世界の恒久平和を論理づける。

だが、これに対する細迫氏（無〔所属〕）の質問の如く「宗教的情操教育とは具体的に一体何か」ということは一向説明されない。世界の隅々まで宗教は存在したし、今日も存在する、しかし戦争は起った、またその可能性が存在することも否定されない。

四海平等は具体的現実的でなければならない。内村鑑三氏は日露戦争に反対した。太平洋戦争に反対した宗教家は果して幾人あったか。今日の宗教家や教育家に、一片の衆議院決議案で何を望むことができるであろうか。（朝日　一九四六・八・一六「議会記者席〝宗教家の信念〟細迫氏、鋭く突こむ」傍点筆者）

このように記者は細迫を支持し、宗教家たちはほんの一年前まで戦争に協力していたではないかと指摘した。だが、この時の議会では、宗教心は世界平和をもたらすという意見の方が圧倒的多数の支持を得たのである。

ということは戦争中の残虐行為は「無宗教」のしわざ

〝宗教は平和を作る〟を裏返すと〝無宗教だと隣人愛に欠けるので残虐な殺戮を平気で行う〟になる。この説も戦後早々に広まったようである。その五カ月後の朝日新聞の社説には、「戦時中に行われた残虐行為や、敗戦後の世道人心の廃たいが日本人の宗教心欠如に原因しているといわれ、教育に宗教的情操をみちびき入れる必要が唱えられている」という一文が現れる。前後の文脈に照らすと、そう言っているのは外国人ではなく日本人である。この社説は、その説を唱える人たちさえも現実の宗教家に平和をもたらす力はないと知っていると述べている。記事全体としては既成宗教の沈滞を嘆き、その中でも仏教界を鼓舞する論調である（朝日　一九四七・一・二七「社説　既成宗教の沈滞と邪教発生」）。

この引用にある「敗戦後の世道人心の廃たい」とは、日本人の心が荒んで凶悪な犯罪が増加しているという意味である。これを懸念する日本人無宗教説もその一年後に載っている。仏教学者長井真琴の投稿であり、英字紙 *Nippon Times* に掲載された三つの記事を受けてのものだった。記事の一つは若者に宗教の有無について調査を行ったところ、無宗教の者が多数派だったというもの、もう一つは新宿区で起きた寿産院もらい子殺し事件という、助産婦が私生児を預かり、養育費を受け取る一方で餓死させ大儲けをしたという事件（記事の段階では三九人の嬰児の殺害が発覚していたが、その後一〇〇人以上と報じられた）、さらに銀行強盗により行員一二人が毒殺された帝銀事件の報道である。

一月中旬のニッポン・タイムスには産婆石川の鬼畜行為と学生の無信仰について述べた記事があった。また下旬の同紙にも帝銀支店の毒殺事件がかかげられていた。外字新聞であるだけによけいはずかしさにたえない気持がする。終戦後の、あさましい限りの日本の世相だけを見聞きしている外人からは〝日本はやはり半野蛮国だ〟と烙印をおされても、すこしも抗弁の余地はないであろう。〔…〕いったい原因は何であろうか。

政治も教育も信仰をぬきにした形式ばかりで、外をあかるくする文明はやや開けたが、内を明るくする文化は衰え、信仰のない国民となってしまった。無信仰の国民は富めばおごり、貧しては盗む、勝てばほこり敗れてはやけとなり、敗れて窮すれば今日のような世相をえがくのである。新日本を興す唯一つの道は宗教的信念をたかめることにあると信ずる。（朝日　一九四八・二・九　長井真琴「声欄　無信仰の国民」）

日本の近代化は物質面のみであり、宗教的信仰がないというのは戦前にも見られた議論である。だがその決まり文句がここでは戦争や凄惨な殺人事件と結びつけられたため、新たな意味合いを帯びている。言ってみれば無宗教の日本人は〝人間性〟に欠けるとみなされるようになったのである。文明でも国力でもなく、人間性の〈欠落説〉に変化したのだ。

この変化を反映する言葉の一つが「文明」国に代わる「文化」国家である。明治期は文明＝富国強兵だったが、大正期に文明と文化の概念の対比が導入され、さらに戦後のスローガン「日本は文化国家を目ざせ」は武力を使わず達成する「平和国家」という意味になった。そしてそれは宗教によってもたらされると読売の社説も論じている。

ちかごろ人は口を開けば文化国家、平和国家の建設を云々するのであるが、文化とは何ぞや、平和とは何ぞやということになるとこれについて正しい認識をもっているものはまことに少ない。われわれの考えるところでは、真の文化、真の平和というものがあるとするならば、それは必ずや深い宗教的えい知に根ざしたものでなければならないと思う。しからば宗教的えい知とは何かといえば、人性の最深なるもの、これを平たい言葉でいえば、良心のささやきにすなおに耳を傾けるナイーブな精神的態度といってもいいのではないかと思う。（読売　一九四七・五・八「社説　宗教界の覚醒」）

この記事も宗教の意義を「人性」という人間性に帰着させている。

調査では若者は「無宗教」

では実際に当時の日本人は「無宗教」だったのか。長井が言及した、*Nippon Times* 掲載の宗教意識調査の記事を見てみよう。調査は二つあり、一つは一九四七（昭和二二）年に東京大学の学生に対して行われた調査である。その結果は、儒教六人、神道八人、キリスト教六〇〇人、仏教三〇〇人、無神論者（atheists）一五〇〇人、宗教を持たない者三〇〇〇人というものだった。これを載せた記事は、信教の自由が実現した日本においてカトリックへの改宗者が増えているというヴァチカンの報告から始まっている。特に大臣など要人に多く、天皇・皇后もカトリックに関心を示していることが記されている。さらには広島原爆投下跡地に犠牲者追悼のためのカトリック教会を建設する提案が当局から好意的に受け止められたこと、山口県にはカトリックの神学部を中心学部とする国際大学を創る計画があること、クリスチャンではない日本人が東京大学にカトリック神学の学部を設けるために資金を提供し、トマス・アクィナスの著作を翻訳するための寄付も集まりつつあることなどが取り上げられている。その最後に、「しかし若者の間では相変わらず宗教に対する無関心が続いており、なぜそうかは説明ができない」という一文とともに、調査結果が示されているのである（*Nippon Times*, 1947.12.31, "Catholic Religion Seen Popular Here"）。

もう一つは同年に京都の西本願寺が実施した全国調査である。その結果によれば、小学生二一三二人の半数が神や超自然的な存在を信じると回答したが、高校生（high school）になると二二四四人の大多数は無神論者（atheists）だった。さらに大学生七一九人の七％は自分には神や超自然的存在は不要であると述べ、残り九三％は「哲学的な議論を展開したあげく、自分は無神論者だと認めた」という。全体（五〇九五名）では、二二％は宗教的信仰を持たず、二八％は信仰に関心がなく、一八％は宗教的信仰とは何だかわからないと答えたとされている。これを掲載した記事は、「回答した学生の大多数は、日本の既成宗教はすべて、どうしようもなく封建的であり、形式的で核心を外しており、精神的にも物質的にも満たされない人々の人生には全く関係がないと述べた」とまとめている（*Nippon Times*, 1948.1.17, "Poll Shows that Majority of Students are Atheists"）。

とはいえ、この種の調査は質問のしかたやサンプルの取りかたで回答が変化することが多く、断定は難しい。よって最低限言えることは、無宗教の若者が相当数いるということがこの時代の社会状況と結びつけられ論じられていたということである。終戦直後の社会秩序の喪失や生活の困窮が凶悪犯罪増加の背景にあることは、当時は自明すぎたため言及がないのかもしれないが、それ抜きに「無宗教のせいだ」と個人の精神に帰す説が出され、それが宗教的情操教育を後押ししていたことが紙面からは窺われるのである（なお、宗教的情操教育の公立校への導入はこの後頓挫する[2]）。

神頼みする余裕もない人々？

では政治家以外の大人たちはどうだったのか。戦後初めての正月の初詣客は戦前よりもはるかに少なく、「神道の行く手は多難である」という記事が朝日に掲載されている。見出しは「明治神宮　参拝僅か十分の一」である。その前年までは一日平均一三八万人だったのが、一気に一万三六〇〇人になったという。神宮側は交通難の影響で地方からの参拝客が減ったからだと説明しているが、記事は「維持経営に相当困難を来すことが予想される」と述べて[3]

いる。賽銭、初穂料、お札の売り上げも一昨年の三分の一だったそうだが、「ただお賽銭の減ったのに比べ神饌料が増えているのは大衆のインフレ傾向がここにも見えている」という。炎上した神殿の復興もまだだが、「それよりも神宮の民主化が先決問題だと一時中止されていた神前結婚式を一月二十日から復活し、御苑の常時公開、新穀感謝祭や豊穣祈願祭の一般化等が計画されている」とある。

明治神宮の参拝客の減少は天皇という存在に対する感情の変化ゆえということでもないことは、京都でも氏子のない神社の経営が困難になったと記されていることから窺われる。もっとも、靖国神社となるとまた話は別で、同じ紙面にひときわ大きい「さびれる靖国神社境内に民衆娯楽」という見出しの記事もあり、それは「民主主義の嵐に吹きまくられる神社のうちで一番風当たりのつよいのは靖国神社だ」という一文で始まっている。

戦死者の記念碑ならばどこの国にもあるが、それが神道と結び、神社の形を執《と》っていただけに〔靖国神社に対しては〕一時は廃止説さえ出た。〔…〕めっきり参拝者が減少し、今年の元旦なども二万人程度で一昨年の七十三万人、昨年の四十万人に比べて雲泥の差である。社頭の収入は民衆のインフレ懐中を反映してか、どうやら昨年の程度であるが、それも千百円という心細さ〔…〕維持経営の母体として遺族会の結成が計画されているがそれも強制するわけには行かず、ただ御祭神が全国各層に及んでいることを頼みとしている訳であるが、それも民主主義の徹底につれて国民の信仰もどう動いてゆくか予想を許さないから至って心細い次第である。〔…〕

ただ神社民主化の手始として自由に昇殿参拝も許したし問題の遊就館の転換も計画されて居《お》り、従来の型にとらわれた運営を一蹴、民衆に親しみ深いお社とすべく遊就館を娯楽場にしてピンポンやローラースケート、メリーゴーランド等の開設、映画や漫才を上映する演舞場も計画されて居り、丁度昔の大祭の日の境内を常設的にしたいというのである。（朝日　一九四六・二・一「さびれる靖国神社　境内に民衆娯楽「廟宮」の名は沙汰止み」）

民主主義の影響が、境内の娯楽施設化という一種の神聖性の低下に現れるという見かたが興味深い。なお、見出しにさらに「「廟宮」の名は沙汰止み」とあるのは、この頃靖国を財団法人組織の廟宮にする案があったが、結局「宗教団体」にすることになり、名称も靖国神社のまま残すことになったことを指す。

寺院も弱体化

一九五一（昭和二六）年、宗教法人法が施行されてまもない頃、仏教・禅学者の古田紹欽《しょうきん》が「寺院仏教の将来」と題したエッセイを新聞に寄せている。古田によれば、仏教は学問としては優れているが、宗教としては今では寺院仏教すなわち「伽藍」という建物だけの仏教になっており、戦災によりその寺院の維持すら困難になっているとする。

一口に寺院仏教といっても都会と地方とでは事情が多少は異なるであろう。しかし何といっても「伽藍堂宇」を構えておればその維持に困っていることに変りはない。都市の戦災寺院を例にとれば檀家は三分の一に減り、忌日の読経料も三、四百円程度で一年の収入が二万円という寺はざらである。地方の寺院は都会の寺院にくらべると地方地方の特有な宗教的な伝統、習慣が若干は残っていて、それに伴う財的収入がいくらかはあるとしても「伽藍」だけでも維持して行くことは決して容易なことではない。かやぶき屋根にしても一坪ふくのに三千余円もかかる当世のことである。（朝日　一九五一・六・六　古田紹欽「寺院仏教の将来　内職即仏法」）

戦災で焼失したり、農地改革で財政的基盤を失った寺院も多かった。その結果、学校の教師や役場や「農業会」の職員、「庫裏から本堂まで広げて養蚕」、「本堂の片すみまで貸間」「書院を集会場に解放」するなど、宗教に関係のない副業に頼らざるを得ない状況に置かれた。これについて古田は、禅思想らしく、もはや「内職」をそのまま「仏法」とみなし、内職仏法を徹底する方が仏教界も将来の展望が開けるのではないかと論じている。多くの識者のように、寺院仏教はダメだ、釈迦や宗祖の精神に立ち返れと説いても、八万に及ぶ寺の住職全員にそのようなことができるわけがないのだからと言うのである。

もしこのような寺院仏教の将来に期待し得るものがあるとしたならば、住職の内職かせぎのまま、本堂、庫裏の貸間商売のままで内職即仏法の大胆な徹底以外には存しないであろう。〔…〕内職かせぎによらなくては仏法が立たないとしたならば、大いに内職によって仏法を立てるべきであろう。〔…〕要は住職が職業人になろうが、どうしようが、宗教者としての信念があるかないかの問題であって、寺院仏教の表面の現状のみを見て非難し攻撃すべきではないし、またその将来に対して悲観すべきでもなかろう。〔…〕このままで行けば八万の寺院も漸次減って行くであろうし、信徒数も減るであろう。数の上での衰勢は止むを得ないことであるが、寺院仏教は内職仏法に徹底することによっ

て、そこから新しい生活に即した信仰運動が興起するように思えてならない。（同右）

その一方で、供養料目当てに、にわか僧侶になる人もいたようだ。ある元海軍大佐が僧侶になり、硫黄島で白骨供養を行ったが、その際、くわえタバコで読経したというのが噂になった。それを受けて、宗教学者・小口偉一は新聞コラムで、本来は宗教を職業とすること自体、おかしなことなのに、今日では短期間の講習を受ければ宗教家になることができ、中には商売人的な宗教家さえ出てきていることを指摘し、宗教家に反省を促している（朝日　一九五二・三・二五　小口偉一「時評　職業宗教家の反省」）。宗教の影響力の低下を学術用語では世俗化と呼ぶが、これらの記事は靖国についても仏教についても世俗化というより世間的な意味で「俗っぽくなっている」さまを描いている。

新宗教教団は増えたが……

その一方で、新宗教教団やキリスト教の布教が活発に行われたことは事実である。戦後一〇年間の新聞記事を単純に「新興宗教」の語で検索すると、朝日は二八件、毎日は一一件、読売は二〇二件ヒットする。数の差は、各新聞データベースのキーワードの設定の差から来るもので、「新興宗教」という言葉が使われていなくても特定教団に関する記事をすべて入れれば朝日も毎日もこの数よりは増える。見出しには「キリスト教徒増加、新興宗教発展」（朝日　一九四七）、「新興宗教続出」（毎日　一九五〇）、「偽宗教の流行」（読売　一九五〇）などの言葉が躍っている。

社説では、新宗教教団に惹かれる人たちを簡単に批判はできない、むしろ既成宗教のふがいなさが問題だというものもあるが、本来の宗教復興の姿ではないという認識はほぼ共通している。日本人が宗教を欠くという状況に変わりはないということになる。二つ紹介しよう。

宗教といえばわれわれの日常にとって全く無縁のことのように思われやすいがこれほど大きい誤りはない。現在文化国家の建設が叫ばれており、その一翼として宗教復興の声が高いのであるが、すでに戦時中よりの現象としていわゆる新興宗教が非常な勢いで発展しており、また一面においては各種の宗教書が広く繙読され、とくに日本語の聖書は米国から輸入されるとすぐ売切れになるといわれている。このことは宗教が一般国民にとつて切実な要求であることを如実に物語るものである。もち論新興類似宗教がはびこることは一般国民の文化的ないし宗教的知識水準のひくさを示すものであってこのこと自身はあまり喜ぶべきではないが、これはいわゆる既成宗教が現在の如き激変期において何ら手を打って来なかったことを暴露するものであって、新興宗教に走る故をもって国民をせめるのはまちがいである。この際既成宗教の革新ないし覚醒こそ焦眉の急務というべきである。（読売　一九四七・五・八「社説　宗教界の覚醒」）

新興宗教は邪教と見られ易い。宗教の本質が、信仰という形而上の、論理的に説明し難い精神状態にあるため、いかなる宗教宗派であっても非科学的、迷信的といわれるのであって、その意味で正しき宗教と邪教との区別は、つきつめれば紙一重であると云えよう。

既成宗教は、自己の地盤を守るため、新興宗教排斥の手段として常に邪教の名を使った。現在の新興宗教も、当初は同じ手段で圧迫された経験をもたないものはない。新興宗教はその地盤をひろげるために、より刺激的であるとはいうものの、既成宗教が余りにも形式化し、死灰の如く魅力のないという弱点をついていることも認めねばなるまい。（朝日　一九四七・一・二七「社説　既成宗教の沈滞と邪教発生」）

キリスト教も伸び悩む

キリスト教については、戦後一〇年も経たないうちに、当初の見込みに反して信者は増えていないという記事が出るようになる。日本キリスト教団総会議長を務めた小崎道雄による寄稿だが、なぜ日本では教勢が振るわないのかについて原因を三点挙げている。第一に、キリスト教の神のような父なる人格神を信じる伝統が日本にはないこと。第二に、キリスト教の中心にある、「道徳生活と信仰生活の一致」も日本の宗教伝統には存在せず、「罪悪観と贖罪（十字架）信仰が国民の間に不人気」であること。具体的には、

目下国際基督教大学に教授として働いておられるスイスの学者エミル・ブルンナー博士は、筆者に日本の伝道の困難な理由の一つは国民間に罪悪観が少ないためではないかと質問されたが、私は全く同感である。博士は大切なカバンを自動車の窓ガラスを破壊されて盗まれた経験があるが、このようなことはスイスではほとんど絶無の経験である。日本人の国民道義心の低いのは全く天地万有を支配する神を信じないためである。（読売　一九五四・一一・一〇　小崎道雄「日本キリスト教の自己反省」）

そして第三の原因は、教会や信者の力不足だと言う。「信者が聖書の伝えるような伝道者としての信仰に燃えて他の人々のために犠牲的な生活をなし」「教会は聖霊に満たされて国家社会の良心的役割を予言者の如く果たす」ならばキリスト教は日本に普及すると述べている。

現在は、この記事とは正反対に、外国に比べて犯罪の少ない国として日本がメディアで持ち上げられることが多い。日本では財布を落としてもそのまま戻ってくるという話が典型的だ。この説には裏づけるデータがないという指摘[4]もあるが、ここで注目したいのは戦後のこの時期、日本人は財布を返す国民だとは思われておらず、またそれは無宗教のためだとする説があったことである。

また、なぜ日本にはクリスチャンが少ないかについても、現在とは説明のしかたが異なっている。これについては今も一つの定説があるわけではないが、日本ではキリスト教がまず知識階級に受け入れられたため、難解で抽象的になりすぎたとか、上から目線の外国人宣教師に対する反感があったなど、布教の方法や社会的要因を挙げることはあっても[5]、罪悪の観念の有無を持ち出す説は見かけなくなっている。日本は罪の文化ではなく恥の文化だと論じるR・ベネディクトの『菊と刀』の原著は一九四六年刊だが、小崎のこの記事は単に同様のステレオタイプであるというだけでなく、因果帰属が循環している。すなわち、日本にキリスト教が広まらないのは罪悪の観念がないからだと言うと同時に、日本人の道義心が低いのはキリスト教の神のような存在を信じないからだと論じている。この論法をそのまま受け取ると日本ではキリスト教は根付きようがなくなる。そのような循環論法に陥るほど当時のキリスト教会は困惑していたということかもしれない。

マスメディア上の宗教と無宗教

一九五〇年代にラジオ・テレビの民間放送が始まると、各局で宗教団体の提供による宗教番組が始まった。NHKも現在まで続く「宗教の時間」という番組を始めた。新聞記事には、この番組では仏教・キリスト教・神道にそれぞれ時間が割り当てられ、仏教は高齢者、キリスト教は都市の青年に人気があり、神道は地域においても年齢においても偏りなく聞かれているとある。これについて宗教学者・小口偉一《おぐちいいち》は、公共放送だから三教を公平にとりあげているのは当然だが、では信教の自由の原則に基づきあらゆる宗教に公平かというと、そうでもないと論評している。というのも、信教の自由には無信仰の自由も宗教に反対する自由も含まれているし、新宗教が除外されているのもおかしいからだと言う。厳密には、特定の宗教に関する報道は民間放送に任せるべきだと述べている（朝日　一九五二・六・二一　小口偉一「時評　宗教放送」）。

新聞には、すでに本書のここまでの記述に明らかなように、宗教の中では仏教やキリスト教の信仰をもつ知識人による記事が多く、それらの基本的なトーンは世間に対する啓蒙や宗教界への苦言だった。それに対して、戦後の新聞には自分の無宗教歴を披露するエッセイが現れた。自分語りというのは新傾向かもしれない。作家・芹沢光治良《せりざわこうじろう》によるもので、父親が天理教徒だったため自分も信者として育てられたが、「自意識を持つ学生の頃から、この宗教と真剣に闘い、自分の心に垢のようについた信仰の影響を洗うために、人知れない苦しい努力をつづけた」。そして「無信仰」になってからヨーロッパで数年暮らし、フランスでカトリック信者の恩師や親しい知人ができたために家族ぐるみの改宗を勧められ、子供は受洗するが、「日本に帰ると、私はもとどおりの無信仰であった」。代表作『巴里に死す』の執筆は一九四二年だが、その後、戦争中は聖書を読んだという。

戦争中、物の書けない毎日を、私は聖書と幾種類ものキリスト伝を読むことに、過した。きざっぽい言葉だが、そうでもしなければ人間性に絶望しそうだったし、生きて行く意義がなさそうだったから。聖書やキリスト伝と同時に、天理教の教祖の書き残したものを精読して、中山みきという偉大な人間像を描き、日本の土地から生えたようなこの信仰を、もう一度考えてみた。私は天理教のよさを再発見して、父がこの信仰に生涯をささげたことを父のために祝福できたが、しかし私はこの教団の欠点も知っているので、再び信仰にはもどれなかった。それどころか、もし何か宗教に帰依するとすれば、カトリック教に改宗すると思ったくらい、聖書と多くのキリスト伝は、私にこの宗教について深く教えた。（読売　一九五三・四・二九　芹沢光治良「わが宗教　生涯の宿題」）

しかしその後も改宗することなく、一九五一年にヨーロッパを旅行し、偶然にローマで法皇に個人接見することができ、法皇からなぜカトリックに改宗しないかと問われ、「私は自らさけている淵をのぞいたような気がした」という。「これは恐らく法皇から生涯の宿題を提出されたようなものであろうが、私にはどうも恩寵がないからだろうと考えている」という。

このコラムは「わが宗教」という不定期のシリーズもので、寄稿者は著名な文化人だが、自分は特定の宗教の信者ではないと断るものばかりである。歌人・川田順「私は無宗教だといってしまえば、それきりの話だが」（七・二三）、吉田絃二郎「自分は傍観者」（一〇・二二）、大川周明「私は実にわが母親を念ずることによって一生を安楽に送って来た。それ故にしいて私の宗教を命名すれば「悲母教」である」（一二・九）、中村吉右衛門「「わが宗教」等と正面切って申上げるほどのこともありませんが、若い時分から信心はしております。何を拝むのかといわれれば、ご先祖様とでもお答えするより外ないでしょう」（一二・一六）という具合である。特定教団に所属しない無宗教とは、自分なりの宗教への関わり方でもあるということをいずれも控えめなポーズで語っている。

1952（昭和27）年、浅草の正月（田沼武能撮影）

「逆コース」の中での「宗教」の位置づけ

先に述べたように、敗戦直後は初詣客が著しく減少したが、一九五〇年代には再び増加し、一九五三（昭和二八）年の除夜の鐘が鳴り終わるころから明け方までで、「明治神宮、靖国神社、浅草観音」など東京都内の寺社にはざっと一〇〇万人（神社本庁推定）が初参りに訪れたという。神社本庁はまた大型バス三〇〇〇台を集め、都内一二カ所を巡回する初詣会も実施した（朝日　一九五四・一・一「初参りざっと百万　都内　大型バスで巡回組も」）。

この時期はまた、一九五二年の破壊活動防止法制定など、民主化・非軍事化に逆行する動きが顕著になり、それは読売新聞が命名した「逆コース」の名で知られる。破壊活動防止法案（その前段階の団体等規制法案）に対しては宗教家がいちはやく反対意見を提出した。しかしそれは、国民の言論・表現の自由全般を擁護するものではなく、「宗教団体は本質的に平和的な団体で、暴力的破壊活動を行うものではない」と主張し、この法律の対象から宗教団

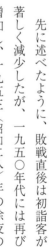

体を除外してもらおうというものだった（朝日　一九五二・六・一　小口偉一「時評　破防法と宗教団体」）。「宗教は平和を作るもの」説は宗教団体の保身のためにも使われたのである。

紀元節は一九四八年に廃止されたが、神社本庁などで復古運動が活発化する。本庁の建国記念日制定推進本部は事務総長の吉田茂（首相ではなく元厚相）の名で、全国の神社に二月一一日に祭典を行い、紀元節の意義の徹底を期すよう求める通達「紀元節復活について」を出した。これに対して都内の神社の反応は弱く、明治神宮も靖国神社も祭典を行わなかった。他方、地方の神社は通達を受け止め、戦前の紀元節そのままの式典を行うところも多かったという（朝日　一九五四・二・一一「きょうはかつての紀元節　建国を祝う神社も」）。この様子について、ジャーナリスト大宅《おおや》壮一は新聞インタヴューに次のように答えている。

最近、民主主義のコースがあいまいになって国民全体が何かよりどころを求めるようになった。この心理的真空地帯に国民のノスタルジアに合いそうなものを持ち出して、真空を埋め、また個人的にはこれによってその人の活動の足場をつくる——これが最近の復古調の本質だ。この紀元節復活の声などもその現われだ。

しかし大衆はもう積極的に古い日本を再建しようとする気持などさらさらない。古いからといって無条件に従うなどのおそれはない。よいか悪いかの判断力があり、そう箇単に笛には踊らなくなっているはずだ。（朝日　一九五四・二・一一「心理的真空ねらう現れ」）

この後も逆コースは進み、建国記念の日は一九六六年に制定されるが、この発言について気づくのは「心理的真空」という表現である。本章冒頭で引用したが、「精神的真空 spiritual vacuum」とは連合国軍最高司令官D・マッカーサーが、いわゆる国家神道体制が消失した直後の日本人を指して使った言葉だ。それから一〇年も経たないうちに、その真空を埋めたはずの民主主義・平和主義が早くも流れ出たという見かたが出ていたことになる。

三笠宮と一緒に「日本人の宗教」座談会

となると日本人はいったいどちらに向かっているのか。大宅のコメント掲載と同年の年末、読売新聞に「日本人の宗教心を切る」と題する座談会が掲載された。出席者は「三笠宮崇仁、菅円吉《かん》（立教大教授）、仁戸田六三郎《にえだ》（早大教授）、小口偉一（東大助教授）、堀一郎（東北大助教授）、戸田義雄（国学院大助教授）　順不同敬称略」。三笠宮親王は戦後、東京大学文学部に研究生として所属し、古代オリエント史の研究者になる。オリエント学は旧約聖書の背景を探究するという性格をもつため、宗教学の授業にも出席した。この座談会の半年前には三笠宮

「日本人の宗教」座談会。左から戸田、小口、三笠宮、仁戸田、堀、菅（読売新聞、1954年12月15日）

を初代会長として日本オリエント学会が創設されるに至っていた。

冒頭の導入には、宗教に無関心なのか宗教的なのかわかりにくい、「日本の宗教の特異性」について語り合ってもらったとある。先に言えば、宗教学者五名のうち民俗学を専門とする堀以外は、日本人には宗教らしい宗教がないので問題があるという〈欠落説〉だった。

だがそれ以前に、当時の雰囲気を伝えるのは、三笠宮に話しかけるときの口ぶりである。まず司会の仁戸田が「最初に気がつくのは日本人の宗教的慣習というか、家という日常生活の場に仏壇と神だなの二つの祭壇をおきながら、それをすこしも苦にしていないというわれわれ日本人の奇妙な宗教的習慣についてです。まず三笠宮さんから何か」と話しかけると、三笠宮が「まあまあ、専門家の方から先に」と返している。このようなフランクなやりとり――掲載されている写真も、上座も下座もなく、足を組んで座り、コーヒーと灰皿を前にというように、関係性がフラットであることを強調しているように見える――を示さなくてはむしろおかしく見える時代になっていたことがわかる。

その距離感は現在では想像しにくいので、東大宗教学研究室の卒業生の回想を一つ紹介する。一九四〇年代後半と思われるが、「大学院時代、ぼくは三笠宮さんと弁当をたべていた。当時の助手だった脇本現教授は、「そんな親しくしていると、世の中が変わったら、不敬罪になるぞ」と忠告してくれた。ぼくはまだ不敬罪にならず〔…〕⑥」という、読者の笑いを誘おうという文脈のエピソードである。ユーモアの中にもリアリティを読み取れる。

「日本人の宗教はとにかくキリスト教とは違う」から「キリストはアジア人」へ

座談会に話を戻せば、仏壇と神棚の同居という点について、キリスト教神学者である菅は「日本人が昔からこの重層性を持ちつづけてきているということは、彼らの生活が混とんの連続だからだともいえる。中途半端で不徹底な生活態度なんですよ、それは。」と答える。日本宗教史を専門とする戸田も「神仏合体という日本人の習慣はせんじつめれば個人が宗教を自ら選びとるその選択以前の宗教ということになると思う。〔…〕日本の宗教は個人の宗教というよりも家の宗教で、このこともこの点から考えられるのですね。西欧人がキリスト教という一つの宗教を選びとったようなことは、日本人にはできなかったからではないか」

と応じる。

さらに仁戸田が「日本人にほんとうの意味の宗教心はあるか」と尋ねると、菅は、西欧人は「日本人の現実的性格や、罪の観念に欠けていることから」、日本人は「非宗教的民族」だと言いがちだが、「宗教心が全くないというんではなくて、宗教の極めて低いプリミチブな段階のもの、あるいは宗教的なものに対する情熱はあるが、真の意味における宗教心というものは完全に備えていないということでしょう」と答える。戸田も「日本は灰色宗教圏だと思うんです。宗教的関心が薄いといおうか、宗教心がないんですね。〔…〕日本人というものも、結局は俳句的、和歌的世界の人間だと思うんです。日本が灰色宗教圏を脱して真の宗教性をかちとるには、芸術的表現イコール解脱の公式をホゴにしなければならない」と言う。

これらに対して堀は、「そう割切っていえることかな」と、日本人も「実際は宗教心をもっているのです。ヨーロッパ的な神中心の宗教ではなくして人間中心の宗教をね。日本の農村の宗教のあり方を見ていると、神というものは与えられていたものではなくて人間の生活の希望的投影として、それぞれの人々によってとらえられているものだと私は思うんです」と反論している。このやりとりに対して、宗教社会学の小口は、こうした問題を考える場合、人間の宗教性とはなにか、ということをまずはっきりさせておかなければならない。かりに、絶対唯一者への帰依を宗教と定義づけるとすれば、すくなくとも日本人は本質的には宗教的民族だと思う。決して非宗教的とはいえない。しかし問題を現在に限って論ずるということになれば、相当に非宗教的だとも言える。大体、民族の宗教心というものは、その国の人間教育いかんにかかっていると思う。現代の日本人に宗教性が欠けているといわれるのも、こうした意味での教育が今まで等閑視されてきたためであり、また封建的政治権力が日本人の純粋な宗教心の発展を阻害してきたためではないか。(読売 一九五四・一二・一五「日本人の宗教心を切る」)

というように、宗教心がないのは現代の日本人だと話を変えていくが、各個人が自覚的な信仰を持つ方がよいという論点は菅や戸田と変わらない(付け加えれば、ここでも宗教は人間性〔教育〕に結びつけられている)。新宗教の流行については、「生の不安に対する解決者として登場してきた」「現実の問題に真向から対決を挑もうとしているその激しい性格が普及速度のエネルギー原《ママ》になってるんじゃないか」という戸田の発言を受けて、小口も「新興宗教のよいところはどんどんとり入れていってよいと思うんです」と言いつつも、それだけでも不十分だということを言外ににおわせている。

話は次に「天皇に信仰の自由はあるか」という問いに及ぶ。これには「厄介な問題ですね」と言いつつも堀が主に発言し、神社本庁はその自由はないと言っているが、

歴史に徴しても天皇は個人としての信仰の自由をもちうるはずです。〔…〕とくに人間天皇を宣言したんだから、職業宗教家になることはできないとしても、仏教なりキリスト教なり自分の好きな宗教を自由にえらべるはずだ。儀礼執行者としての天皇と信者としての個人的資格の天皇とはわけて考えねばならない。〔…〕新憲法の生みの親の金森徳次郎さんは天皇は「信仰せざる自由」も当然もちうるといっておられます〔…〕（同右）

と明快に述べている。

最後に仁戸田が、日本の宗教を知るためには、仏教・キリスト教・イスラムの起源であるアジアを知る必要があると述べ、その地域を対象とするオリエント学会の設立の抱負について三笠宮に話を向ける。三笠宮は、なぜ学会を作ったのかといえば、「今まで日本の学会ではこの地域の研究がまったくブランクになっていた」ためと述べ、日本が研究の遅れをとりもどすには、宗教学会として考えてゆかねばならない一つの面白い問題があると次のように

指摘する。

キリスト教大学のブルンナー博士が昨年のある講演で二十世紀を①アジア人の白人からの解放の時代　②大衆が平等の文化水準を享受する時代　③科学、技術が急速に進歩する時代と三つの世界史的特長で説明づけ、そしてその第一項の説明として、キリストはドイツ人でもアメリカ人でもなく、実はアジア人なのだと強調されたのです。私は非常な感銘をうけたんです。このへんの問題をどう解釈するかということなどもオリエント学会の将来に託された大きな研究課題だと思うんです。（同右）

欠落説の三人にしても、それに反論する堀にしても、「日本人の宗教はキリスト教とは全く違う」論に終始していたところ、それまで議論に加わっていなかった三笠宮が最後にこの指摘をしたことでどんでん返しが起きている。これは単にキリスト教にもアジア的要素があったという発見ではなく、座談会参加者を含む研究者もとらわれている西洋コンプレックスを、研究を通して克服していくことを示唆しているからである。

一九五〇年代後半の無宗教性

一九五〇年代、とくにその後半から高度経済成長期にかけては、創価学会、立正佼成会が都市中心に急伸した時代として知られる。新聞にももちろん両教団に関する記事はあるが、意外にも無宗教性を映し出す記事もたびたび登場する。

たとえば、無宗教の葬儀が社会主義者以外にも――とはいえ著名人ばかりだが――増えていることを読売新聞で大宅壮一が一九五六（昭和三一）年に指摘している。だがその寄稿の中で大宅が注目しているのは、本人が無宗教式を望んでいても結局は僧侶が招かれるケースである。たとえば高村光太郎、共産党書記長の徳田球一、歴史家服部之総など、本人の意思に反して宗教によって葬儀が行われるのは「死者を冒瀆するもの」だと憤慨している（読売　一九五六・四・九　大宅壮一「無宗教論者と葬儀」）。

結婚式にも無宗教式が現れている。一九五九年の読売の記事で、「人前結婚」「無宗教」という言葉で形容されている。式場も最初の例では東京赤坂プリンスホテルの鏡の間とあるため、新郎宅で神主抜きに家の儀式として行う昔のスタイルとも異なり、最近の人前結婚式にきわめて近い。記事は、型を破り無宗教式をあえて選択する自律的な若いカップルを応援する論調である（読売　一九五九・四・三「結婚　〝人前挙式〟や会費制」）。

そして民族学者・梅棹忠夫は一九五九年年頭の読売新聞への寄稿で、日本の無宗教化がますます進んでいると論じている。「神棚も仏だんも持たぬ家庭が、この十年間には、おびただしくふえているにちがいない」、「在来の仏教・神道はもとより、新興宗教諸派も、みんな頭打ちだ。新来のキリスト教も、大して成功しなかった」と現状をとらえ、「日本のあたらしい世代はますます非宗教的になってゆくだろう」し、もうどうなるものでもないと言う。

そして梅棹は、宗教の機能は各人の心に日常生活を処理する原理を与えることだが、宗教を失った日本人の場合、その原理は「きわめて現世的な実際主義」、「日常的な合理主義」であると論じる。その原理で現代の生活はおおむね処理できるが、問題もある。それは、実際主義が、

> つねに自己肯定的であるだけに、自己を否定する契機を与えない。それでは、日常生活を処理してゆくことはできるけれども、ギリギリのときに、腰がくだけるおそれがある。また、未来をきりひらく創造的冒険精神は、この中からは出てこない。現実をこえるためには、心の中に、何らかの鋼鉄製のシンバリ棒がやはり必要なのだとおもう。（読売一九五九・一・三　梅棹忠夫「文明の未来」）

さらに、無宗教は日本特有というわけではなく、人類全体が無宗教へと向かっており、日本はそれがもっとも進行しているのだと言う。まもなく世界が古い宗教に代わるシンバリ棒

を求めるときがくる。日本では他国に先立ち一つの実験が行われているのであり、日本人は少なくとも一つの解答を書く責任があるとして結んでいる。無宗教ゆえに内面に強い核になるものがないというのは〈欠落説〉だが、無宗教状態を嘆くわけでも、欠落を埋める実際主義を肯定するわけでもなく、これから新しい原理を作ろうという呼びかけになっている。

この章のまとめ

敗戦とともに日本の目標は平和国家になり、それに伴い宗教・無宗教の位置づけが反転した。より正確には、戦前は戦争と「不良少年」の犯罪行為は別物扱いだったが、戦後は戦争の残虐行為も社会内の凶悪犯罪、さらに窃盗までもが一つにまとめられ、平和と宗教の対極に置かれたのである。無宗教の日本人に欠けているとみなされるものは、文明でも国力でもなく〈人間性〉になった。キリスト教的視点からはそれは罪悪感と呼ばれたが、より普遍的な観念により人間性ととらえるのがこの時代の雰囲気だった。さらに自律的個人という理想が加わり、家の宗教を受動的に引き継ぐよりも主体的に信仰、あるいは無宗教を選ぶことが良しとされた。同様の感覚で、物質的文明よりも「文化」国家が旗印になった。

最後に引用した梅棹のエッセイのタイトルは「文明の未来」だが、明治時代とは行き先が異なる。第一章で見たように、当初は欧米に追いつくための目印だった「文明」の語は、帝国主義化とともに日本こそが世界を先導する文明国だという自負を表す語に変わった。それに対して梅棹の方は、たしかに日本が他国に先立っているとは言ってはいるが、これは最近の議論から似たものを挙げれば、「日本は超高齢化の先進国だ」という認識に限りなく近い。世界より一足先に壁にぶつかってしまったという意味なのだ。

また、自分の無宗教性を（戦前の社会主義者のようにアピールするのではなく）自省する文化人のポーズがかっこよくも見えてきた時代であり、それが学生の無宗教意識にも反映されているかもしれない。明治から大正にかけて話題になった「煩悶青年」という病める若者たちの宗教的希求とはまた異なる意識が広がっていた可能性がある。

従来の研究では、戦後のこの時期は新宗教教団の増加を中心とする宗教ブームの時代と呼ばれてきたが、新聞記事からはそのブームは無宗教の進行とも同時並行であったことが見えてくる。神棚・仏壇の保有率に関する調査がこの時期はないとされるため裏取りが難しいが、梅棹が指摘する神棚・仏壇の減少や人前結婚式の出現は通説[7]よりもかなり早い。ただし、それらの無宗教化は家の宗教やしきたりをそのまま受け継がず、別のものを積極的に選択する現象を表しているため、新宗教の急伸とベクトルは似ていたとも言える。

註

（1）H・N・マックファーランド『神々のラッシュアワー――日本の新宗教運動』。
（2）森一郎「公立学校における「宗教的情操教育」の可能性と課題」。
（3）「初詣を含む第一旬の平均」とある。なお、一三八万人に対する一万三六〇〇人は一〇分の一どころではないため、計算か数値に誤りがある可能性がある。
（4）「「財布を落としても戻ってくる国」という幻想」世界が見たニッポン「真の国力」（1）日経テクノロジーオンライン　二〇一六・九・九（https://www.nikkei.com/article/DGXMZO06214400Y6A810C1000000/）。
（5）古屋安雄『なぜ日本にキリスト教は広まらないのか』、マーク・R・マリンズ『メイド・イン・ジャパンのキリスト教』、石川明人『キリスト教と日本人』。
（6）東京大学文学部宗教学研究室『時と人と学と』一一一頁。
（7）西村明「総論」二一一～二一二頁。

第四章

実は無宗教ではない？——一九六〇〜七〇年代

木村悠之介

一九六〇〜七〇年代は、高度経済成長とその終焉、一億総中流と称される平準化意識も相まって、かつてないほど数多くの日本人論・日本文化論が生まれた時代である。「イエ」に代表される日本の集団原理を西洋とは異なる近代化の有力な類型として位置づけようとした『文明としてのイエ社会』（一九七九年）は代表的な例だ。宗教への「回帰」が議論されることもあるこの時代、[1]日本人無宗教説においても、単に〈欠落説〉や〈充足説〉が説かれるのみならず、そこに〈独自宗教説〉が混ざるようになり、次第に存在感を高めていく。

宗教の不在による政治腐敗

一九六〇（昭和三五）年、当時は立教大学総長を務めていた松下正寿《まさとし》が、前章の小崎道雄と同様に、キリスト教の不振と罪意識の薄さを嘆くエッセイを読売新聞宗教欄に寄せている。

小崎との違いはどこにあるだろうか。

日本人は宗教に無関心だからキリスト教を受け入れないという事情もある。〔…〕常識が日本人の宗教みたいなものだ。〔…〕宗教を信じなくても堕落しないのは見上げたものだが、その代わり日本人ほど無主義、無節操、無思想な国民はメッタにいない。だから日本では思想と比較的縁遠い産業、金融、科学の面では相当に進んでいるが政治はデタラメである。国民はもっと無宗教から来る政治の貧困を痛感し、宗教に対する目をひらかなければならない。（読売　一九六〇・四・一七　松下正寿「不振のキリスト教 日本人は罪意識がうすい」）

六年前の小崎が器物損壊や窃盗といった犯罪を挙げていたのとは異なり、政治のデタラメさや腐敗を問題視する点がこの時期の新たな特徴だ。常識を「宗教」と呼ぶ点で〈独自宗教説〉の要素も混じるが、松下の結論は、人生の「決断」を常識任せにすることには限界があり、それはキリスト教という「宗教」によってこそ超えられる、という〈欠落説〉だ。前年の梅棹忠夫と論点が近い。松下についてはまた後でも触れる。

仏教界では一九六六年、天動説を説く怪僧あるいは日本最後の戒僧として知られた法相宗管長・橋本凝胤《ぎょういん》が、毎日新聞の年末インタヴューに応じている。橋本は、面の皮が厚い「政治亡者ども」や「頭からっぽのなんやら族とかいう不良青年」(当時は「原宿族」)などに怒りを表し、具体的には、この年の佐藤栄作政権下で相次ぎ、「黒い霧」と呼ばれた様々な汚職事件を「多数決迷信政治」と揶揄したあと、それらの原因を宗教の不在に求めた。

政治家どもがこないに腐りきってドブ川みたいなことになったのは、日本が宗教不在の国であるということが大きな原因だ。徳川幕府の宗教政策で、坊主は〔…〕暖衣飽食できるようになった。明治維新でも、宗教に関してはこの徳川三百年の歴史がそのまま受けつがれた。大正も昭和も同様。そやから日本には信仰不在。教育者も、政治家も、実業家も、日本人すべて宗教あって信仰のないやつばっかりできたのは、当たり前や。そんな連中が最近あわてて、人づくりや、修身復活やいうて、いったいなにができるというんや。おのれ自身に宗教情操や信仰がのうて、なにが人づくり、国づくりや。(毎日　一九六六・一二・二八「橋本凝胤師 六六年をしかる〝黒い霧〟どころか泥沼」)

橋本は、「宗教不在」を江戸期以来のものとし、同時代の「人づくり」「国づくり」政策を批判する。そして、建国記念日の制定よりも他にやるべきことがあり、モータリゼーションの進展による自動車事故が野放しにされていることは「人殺し」ではないか、という。同時代の様々なトピックが「宗教不在」と関連づけられているのだ。

経済成長ゆえに非行へ奔る若者

橋本が言及する「人づくり」は、一九六〇（昭和三五）年に首相となった池田勇人が打ち出した政策である。当時の国会答弁では、一九五〇年代後半の「太陽族」に代表されるような非行青少年が増加し、いわゆる「深夜喫茶」や「トルコぶろ」などに吸い寄せられていくことの原因が「無宗教」に求められ、家庭や学校における宗教的情操教育の必要性が改めて主張された（『予算委員会会議録』二一～三頁、『地方行政委員会会議録』二頁）。「半野蛮国」と呼ばれかねない残虐な犯罪が問題視された敗戦後とは異なり、高度経済成長がはじまったがゆえの若者における放埒が、東京オリンピック開催を意識しつつ規制されようとする文脈だった。そうした流れから池田内閣の文部大臣・荒木万寿夫《ますお》が一九六三年に中央教育審議会へ諮問し、三年後に最終報告へ至った「期待される人間像」では、「宗教的情操」としての「生命の根源に対する畏敬の念」が盛り込まれた。

この間の一九六四年、中教審会長としてまさに当事者だった森戸辰男は、前東京大学総長の茅誠司らとともに読売新聞社の月例座談会に出席した。非常に急速な経済成長・工業化の進展に対し、社会変化のスピードに青少年が適応できないがために反社会的行動に走っている、という話題を受け、茅は「宗教的、精神的なものに全然たよらない家庭生活」が生じており、若者には「宗教」だけでなく、「宗教」に似た「人間を尊ぶ、神に対しては悪いことはできないというような考え方」もなくなったのではないか、と述べている。急激な社会変化に家庭教育がついていけず、若者から「宗教」や神への意識がなくなって非行に走るという〈欠落説〉だ。

ここで注意したいのは、森戸が座談会の最後、茅の意見に対し、キリスト教と差異化する形で「日本人の宗教心」を語ったことである。

> 西洋の人は一つの宗教に一本調子というか強く固執してしまう。ところが日本では神ダナがあったり仏壇があったりするがそこに日本人の宗教心のいわば特徴的な東洋的なものがあるので表現の現れ方が違うような気がする。したがってある程度宗教的でないように見えても宗教的

戦災から復興した大阪・四天王寺に参拝する人々。鳥居があるのは神仏習合の名残（毎日新聞、1963年3月21日）

なものがあると言う場合もあるのではないかと思う。（読売　一九六四・二・一七「本社月例座談会　世界の日本として 青少年の非行化を防ぐために」）

森戸は、神棚や仏壇といった複数の対象を持つ日本人の在り方、西洋の「一つの宗教」に対比される「東洋的」な「宗教心」として位置づけ、その育成を教育に求めたのだ。これは〈独自宗教説〉であるとともに、一神教批判の要素を含んでいる。

神なき国の人間不信と公害

高度経済成長との関連では、一九六九（昭和四四）年に世論調査と有識者アンケートを実施した読売新聞が、急激な経済成長は日本人を、「将来」や「友情」のみならず「神もまた信ぜず、心の安らぎを欠いた〝イライラ人間〟」に変えてしまった、と結論づけており、やはり急激な生活の変化が要因とされている。

一万人を対象としたこの時の意識調査で、神仏に対し「日ごろ信心を怠らない人」は全体の一三%、二五歳以下は五%だった。これについて住友化学社長・長谷川周重は、「根本的に日本人に、西欧社会にみられるような宗教心のないことが、一層（日本人の心を）不安定にしている」とコメントしているが、記者は「信仰心のなさ」が「他人を信じない風潮」を生み出すという〈欠落説〉でまとめつつ、さらに企業による商品価格設定への「不信感」も国民にはあると付言した（読売　一九六九・五・二六「イライラ人間 おカネとカッコよさ 焦燥感からいつもかけ足」）。

当時の企業問題としては公害も外せない。長谷川が「無公害企業」を目指したのとは対照的に、荒木万寿夫は一九七一年、「公害などひと風吹けば何ということはない」と発言して非難を浴びた。日本人無宗教説はどう関わるだろうか。

水俣病刑事裁判の第一回公判を報じた一九七六年の朝日新聞は、同じ面で日本人「無信仰」説も取り上げている。

> 米・ギャラップ社の調査によると、世界七十カ国のうちで日本人が「いちばん信仰心が薄い」そうだ。〔…〕
>
> 無信仰の社会はたしかに一つの歯止めを欠いている。〔…〕
>
> 〔…〕特定の神を持たぬ日本人は、むかしから自然の一木一草にも造化の妙を見るゆたかな感受性を持っていた。そのいわば汎《はん》神論的感覚が、独特のすぐれた文化、芸術を生み出してもきた。
>
> だが、いまこの国には限りなく自堕落な人々がうごめき、感性をはぐくむ自然の緑も

破壊しつくされようとしている。此岸《しがん》はただ汚濁の末世である。（朝日　一九七六・九・二二「今日の問題 此岸にて」）

記者は「国会での偽証」にも触れつつ、公害と「無信仰」の関係を示唆した。途中では自然への汎神論的感性も挙げられ、その点で〈独自宗教説〉の萌芽も見せているが、あくまでも結論は日本人がそれを喪失した現在を強調し、問題視する〈欠落説〉である。文部省の国民性調査においては、「自然と人間との関係」について「自然を征服していかなければならない」という回答の数が一九六八年にピークを迎えたのち減少、「自然に従え」派に取って代わられていく過渡的な時期だった（読売　一九七九・七・一八「日本人の国民性 文部省調査 価値観も保守回帰」）。

無宗教のアニマルたち

また、高度経済成長期の日本人は、良くも悪くも没個性的な「エコノミック・アニマル」と呼ばれるようになった。宗教こそ「文明」だという欧米からの外圧に対して「無宗教」を名乗ると残酷な「虎狼」だと思われるのではないか、と岩倉使節団が懸念した明治初期や、敗戦を経て実際に人間性の欠如による残虐行為が問題視され「文化国家」が目指された前章とは異なり、むしろ物質文明の先頭をぞろぞろ走る不気味な国民として扱われたのである。
この事態を〈欠落説〉の観点から捉えた記事としては、イタリア文化研究者の斎藤祐蔵が一九六九（昭和四四）年の毎日新聞で、イタリア美術に「宗教的精神があふれている」のに比べ、日本人と神道・仏教・キリスト教のつながりがいま一つ弱いと述べている。

日本が世界的発展に乗出しつつありながら、国内における思想的混乱と国外にあっては「経済的動物」などといわれる原因をなしているものが、私には宗教の問題にあると考えられるのである。（毎日　一九六九・三・一七　斎藤祐蔵「日本人と宗教」）

一九七一年の同紙コラム記者も、日本では「宗教心の薄いことで人間がアニマル化したりしている」と危機感を示した（毎日　一九七一・一二・七「余録」）。
海外との比較という点では、シャンソン歌手としてパリにいたことのある石井好子《よしこ》が一九六三年、フランスの「宗教的」なクリスマスに対し「日本人は無宗教の人が多い」と述べており（朝日　一九六三・一二・二五　石井好子「きのうきょう　クリスマス」）、翌一九六四年に観光目的での海外旅行が自由化されると、入国申請で「無宗教」と書いたら欧米では警戒されるという現代的な語りが定着していく（読売　一九七九・八・二一「よみうり寸評」）。

経済力を背景に多くの日本人が海外を訪れるようになったことで、「無宗教」を原因とする軋轢も実際に生じた。一九七三年、スイスの教会で非キリスト教徒の日本人観光客たちが挙げた集団結婚式に抗議のデモ隊が押し寄せ、「神のもとにスイス航空で」「イエス、仏、資本の三位一体」といったプラカードを掲げたのだ（読売　一九七三・九・一二「「罪深きは日本人」集団結婚式にデモ　カトリック信者ら反発」）。二年後、スイスの福音派教会連盟が推薦状のない日本人の挙式をボイコットするように通達を出したことを受け（読売　一九七五・三・二〇「日本人コマリマス」）、読売新聞コラムは、他ならぬ日本人の「無宗教」によってこの事件が起こったのだと反省した。

〔日本人が〕結婚式を「まるでショーのように考えており、多くはキリスト教徒ですらない。旅行代理店の誘いに乗ってやって来る人たちのために、教会があるのではない」と、言われてみればもっともな話だ。〔…〕日本人の大多数が無宗教になってしまったのは仕方がないにしても、旅のエチケットのイロハも心得ない所業は、何と言えばいいのだろうか。（読売　一九七五・三・二二「サイドライト　旅の恥」）

さらに、海外に出かける日本人の「アニマル」的側面は、アジア諸国においては買春ツアーとして問題化する。雑誌『アジア時報』によれば当時のタイ人は日本人について、「最近はセックスアニマルにもな」り、自分たちを「タイ人と同じく仏教徒だと言っているが、その実大部分が無宗教で道徳的教育を受けておらず、法律一点ばりで融通や慈悲の心がない」というイメージを持っていたようだ（冨田竹二郎「タイ国の現状と日本」一五〜一六頁）。

日本精神史に「背骨」としての宗教はあったか？

アニマルと語源（ラテン語で命を意味するアニマ）を共有するアニミズムが日本人の宗教を論じる際に強調されるようになっていくのはもう少し先、一九八〇年代末以降である。そうした動向を牽引することとなる哲学者・梅原猛は、実はすでに神道とアニミズムを関連づけたうえで一神教と対比させた論考も書いていたが（梅原猛「「固有神道」覚え書き」）、新聞紙上への露出に限れば、まだどちらかといえば〈欠落説〉に近い議論を示していた。政治学者・猪木正道は一九六六（昭和四一）年の朝日新聞で、梅原の論文「明治百年における日本の自己誤認」を取り上げている。

「私は日本人ほど、自発的に己の宗教性を見事に忘れ去った民族は、かつてなかったのではないかと思う」という梅原猛氏の指摘を読んだとき、目がさめたような気がした。〔…〕明治維新に際して、圧倒的に力強い異質のヨーロッパに立ち向うため、日本人は二千年の間己の魂を培っていた深い仏教の思想をみずから否定し〔…〕篤胤の国学や東湖の水戸学が日本文化の豊かな伝統、特に自己の生命を大自然の生命と調和〔…〕させるという生命観を見失ったことを明らかにする。

〔…〕丸山氏に対して梅原氏が、〔…〕日本精神史には座標軸が欠けているなどとはいえないはずだと迫っていることだけをここでは記しておこう。〔…〕日本の知識人全体に対する弾劾《だんがい》としては、梅原氏の指摘は完全に当っているだろう。（朝日　一九六六・五・二六　猪木正道「論壇時評〈下〉明治百年の行過ぎ反省」）

途中で政治学者・丸山真男に言及しているのは、梅原論文が、一九六一年の丸山による『日本の思想』への反論だったためだ。丸山は、日本精神史は本居宣長の思想雑居的な神道論が象徴するように「座標軸」を欠く「無構造の伝統」であり、第一章で伊藤博文も述べていた機軸としての「宗教」の不在が「「國體」という名でよばれた非宗教的宗教」による「無責任」なファシズムへつながった、と論じていた（丸山真男『日本の思想』二一〜二四、三一〜三六、四二〜四三頁）。したがって丸山も〈欠落説〉である。

それに対する梅原は、歴史認識としては〈独自宗教説〉のような反論を提示しつつも、日本の現状については〈欠落説〉をとる。過去の日本には「自然崇拝としての神道」と「大乗仏教という一つの大きな背骨」があったが、国学および水戸学の仏教排斥と「僧侶の無気力」、そしてその結果としての近代の「国家神道」によって「日本の宗教と、日本の文化を見る正しい眼が失われ」、丸山のように「ヨーロッパ的な背骨」しか基準にできない者も出てきたというのだ（梅原猛「明治百年における日本の自己誤認」）。第一章で見たキリスト教導入をめぐる論争を思わせるものがある。

梅原自身が一九六九年の読売新聞で法学者・鵜飼信成《うかいのぶしげ》と行った対談「〝宗教〟を忘れた日本人」も〈欠落説〉の方向性が強かった。

明治以来百年間、あるいは戦後の二十年間、日本人は宗教に対して、無関心だったと思う。とくにインテリがそうだった。〔…〕近代主義、マルクス主義の影響もあるが、〔…〕ヨーロッパから科学技術文明を取り入れることばかりに力を入れ、キリスト教を取り入れることに力を入れなかった。そして最も非宗教的な国家ができ上がった。特に戦後は、非宗教的な傾向がますます強くなった。（読売　一九六九・六・九「日本総点検特集〝宗教〟を忘れた日本人　鵜飼信成氏　梅原猛氏」）

このようにインテリを批判したうえで、梅原らは高度経済成長の「人間疎外」を説いている。キリスト教ではなく近代という理念が問題視されており、前の記事と違って「自然」への言及はない。梅原が「自然の思想」としての神道研究に改めて熱中し、その成果を新聞紙上でも発表するようになっていくのは翌年以降のことである（毎日　一九七一・一・一九　梅原猛「日本の世界観と神の道　その自然の思想と怨霊の世界」）。

一神教への反論としての〈独自宗教説〉と国学

日本に「背骨」がないという議論への反論としての〈独自宗教説〉は、梅原以前から出てきていた。それは、保守論壇の台頭や国学への再評価といった文脈に関わっている。

ドイツ文学論をはじめ保守論壇で活動した評論家・竹山道雄は、早くも一九六二（昭和三七）年の毎日新聞において、日本人には「曖昧《あいまい》な折衷主義があるだけで、ほんとうの宗教心」や「倫理的背骨」はない、という〈欠落説〉へ次のように反論している。

日本人の生活の中で、さまざまな宗教が共存していてもべつに背理ではない。〔…〕こういうことはキリスト教の規準からみれば、じつに奇怪なことであっても、もともとの前提がちがうのである。「宗教的」という言葉が、しばしば「一神の命をきく」ということと同意語に使われていることが多いが、われわれの場合には、絶対者であるところの嫉《ねた》む一神が、人間に他の神をあがめることを禁じて、自己をはっきりと示顕しているのではない。〔…〕

日本のむかしからの宗教的性格も倫理も、それ自体に根拠をもったものであり、それによって人間をささえてきた。（毎日　一九六二・一・二七　竹山道雄「日本人の宗教性 聖なるものへの畏敬 精神の建設ができないことはあるまい」）

つまり、一神教としてのキリスト教とは異なる基準での「宗教」が日本にはあるというのだ。時期的に、これも丸山真男への反論であろう。

同じく毎日新聞で一九七五年には、保守論壇の大物・小林秀雄が、今日出海《こんひでみ》と次のように対談している。

今　日本にいったい宗教があるのか、ないのか……。

小林　そういうふうな問題の出し方がいかん。〔…〕

今　形態としてキリスト教とか仏教とかいうけど、そんなはっきりした宗旨は持たな

対談する今日出海と小林秀雄（毎日新聞、1975年9月）

いにしろ、日本人は宗教的国民だとすら思うくらい、宗教的なものがあると思うね。
小林　ある。宗教心というものと、宗教のドグマとは違うのだ。〔…〕
こういうことは、キリスト教史を書く西洋の学者にはとてもわからぬことだろう。
〔…〕日本の宗教を言う場合は、とくに、原始的な宗教心、人間の組織のうちに組み込まれた宗教心というものまで下ってみてからものをいう必要が痛感されるわけだ。〔…〕宗教とは教理ではなく、祭儀という行動であった。そういう期間は非常に長かった。（毎日　一九七五・一〇・四「小林秀雄氏　今日出海氏　交友対談〈一〇〉」）

このように小林は竹山と同じくキリスト教による「宗教」定義が日本には合わないこと、日本には原始的な宗教心や祭儀という形で独自の宗教があることを主張した。

小林は本居宣長を引きあいに一神教との違いを強調し、宣長への理解者として柳田国男の名前も挙げている。小林自身が大著『本居宣長』を二年後に上梓するように、丸山真男の政治思想史とは異なる文芸学史の観点から、宣長の国学や柳田の「新国学」が再評価されてきた時期だった。(2)

前章の「文明の未来」で〈欠落説〉を唱えていた新京都学派の梅棹忠夫もまた、大阪万博開催を見据えて一九六五〜六六年に全国の新聞へ配信された共同討議を「新・国学談」と命名するなど宣長や柳田を踏まえた国学の再評価に携わっており（林屋辰三郎・梅原猛・梅棹忠夫・上田正昭『新・国学談』）、それと同時に〈独自宗教説〉にも転じている。一九七二年の読売新聞コラムが紹介する座談会「神々の分業」において、キリスト教のような「メーカーの側」ではなく、色々な宗教を利用する「ユーザーの論理」を見るべきだと述べ、「日本人には宗教心がない」という説を否定したのだ（読売　一九七二・六・一八「風知草 神々の分業」）。この座談会がエッソ・スタンダード石油のPR誌『energy』で行われたことも相まって、高度経済成長という時代の雰囲気を象徴している。第一次オイルショックは翌年のことだ。

ただ、キリスト教視点への反論としての〈独自宗教説〉は国学の文脈のみには限られない。第二章で登場した仏教学者・増谷文雄の場合は、「日本人は宗教心がうすいのではないか」という問いに対し、キリスト教という「舶来の宗教の定義では、わたしどもの宗教心はよういに捕えがたい」と結論づけるなかで、鈴木大拙を引き合いに出している（朝日　一九六六・五・二六　増谷文雄「宗教と日本人〈二〉宗教心」）。

変化する外部からの目線

〈欠落説〉から〈独自宗教説〉への移行過程を、「舶来」の側からも見てみよう。まず一九六一（昭和三六）年の毎日新聞は、前年に来日した著名な歴史学者、Ａ・Ｊ・トインビーに触れている。

仏教に限らず今日の日本ほど青年や知識層に宗教心のない国はないといわれる。先年来日した世界的歴史学者トインビー教授が〔…〕宗教に関する限り、不可解な印象をもって帰国したということだ。社会の道徳的基礎としての宗教心が生きていない現代の日本は、たとえば西欧諸国と比べても、あらゆる方面で根本的違いが出てきている。（毎日　一九六一・三・二〇　社説「大遠忌と日本人の宗教心」）

当時の「ある新聞」には、トインビーに対し「日本人は無宗教である点、ソ連中国並であって進歩的」だと指摘したことを誇る進歩的文化人もいたらしく（中外日報　一九六〇・三・

二　二葉憲香「余りに原始的――非日本人的日本人の教育の為に」）、〈欠落説〉に加え、マルクス主義に基づく〈充足説〉も交錯していた。

他方、一九七六年に読売新聞「婦人と生活」欄の投稿者グループに招かれたカトリック神父、W・A・グロータースは、次のように〈独自宗教説〉を示した。

日本のジャーナリズムでは「日本には宗教はない」とか「日本人は宗教を持っていない」とかよく言われるが、〔…〕毎朝、先祖さまにご飯をあげて、手を合わせるのを宗教だと考えれば、ヨーロッパ人のほとんど全部が宗教を持っていないことになるではないか。（読売　一九七六・一二・二二「日本文化と国民性を考える　グロータース上智大講師を囲んで」）

祖先崇拝を基準に「宗教」を定義しなおすことで、キリスト教に偏った〈欠落説〉を裏返してみせたのである。

また、フランス紙『フィガロ』の一記者は一九七九年の読売新聞で、日本の経済成長を支えたのは「武士道」だと主張している。

（日本は）これまでのところキリスト教文明圏外で、固有の文化を守りながら高度の工業化を達成した唯一の国である。

　個人的、社会的問題に対するわれわれの取り組み方が引き起こすような緊張は、この国にはあまり見当たらない。日本は、永遠であるべき原則を前面に押し立てて、それに到達するため努力するといった行動の仕方はとらない。日本で政治が宗教から分離されてから既に久しく、日本人はある種の宗教的苦悩や疑問とはあまり縁がないように見える。代わりに日本人は武士道という一つのモラルによりどころを求めているようだ。

（読売　一九七九・一二・三　ミシェル・ドランクール「日本モデルを盗め!!　仏経済へ〝移植〟したい成功の秘けつ　土台に責任感、教育」）


　キリスト教の代わりに「平和な時代の武士」における道徳的な名誉感・責任意識が今の日本人にもあると言い、こうした土台の上に建つ「日本モデル」をフランス経済に移植したい、とまで評価するのだ。

　さらに同年の朝日新聞では、人類学者、C・レヴィ＝ストロースの意見が紹介されている。「日本人は一般に宗教心が浅い」とされているのに対し、「日本には聖がないのではなくて、聖と俗が隣り合って存在して、その間に厳しい区別がない」という仮説だ（朝日　一九七九・

七・二六　河野健二「日記から日本人の宗教心」）。レヴィ＝ストロースは、「日本人が非宗教的だということではありませんね。超自然的なもの、超越的なものに対する畏敬の念は非常に強いでしょう」とも述べていた（大橋保夫編『構造・神話・労働』一六四頁）。

「人間」という価値基準は宗教か無宗教か

様々な外国人の意見が紹介されるなかで、外国人のものに見せかけた日本人の議論も一世を風靡した。一九七〇（昭和四五）年にイザヤ・ベンダサンの筆名で発表された山本七平の「日本教」論である。「日本人は無宗教だ」という説を否定する山本は、日本人は「神」を置かず「人間」「人間性」「人間味」「人間的」「人の世を作ったのは人だ」といった価値基準を無自覚に共有しており、それは「世界で最も強固な宗教」だという（イザヤ・ベンダサン『日本人とユダヤ人』八三〜八五、九〇〜九三頁）。

同じ「人間」への着目でも一九六七年の中根千枝が「宗教的理由づけ」の不在を述べていたことに比べると（中根千枝『タテ社会の人間関係』一六九〜一七〇頁）、〈欠落説〉から〈独自宗教説〉への移行が窺えるだろう。ただし、キリスト教徒として育った山本の「日本教」論は、国民のアイデンティティーを体系化して提示する一方、それが本来の「宗教」ではないというニュアンスや、日本社会が持つ抑圧性への批判的な目線をも有しており[3]、その意味では〈欠落説〉の要素も残していた。「日本教」は実体的な既成宗教の根づきにくさという点で「現在の日本の、無宗教的状態」の原因ともされたのだ（イザヤ・ベンダサン『日本教徒』五頁）。

新聞紙上では、一九七三年の朝日新聞ラジオ欄記者が山本の「日本教」に言及している。

「日本人は無宗教な民族だ」という説に対して、「そんなことはない、日本人はみんな日本教の信者だ」という新説を出したのはイザヤ・ベンダサンであった。だが、〔…〕日本人の宗教感情を実見したければＮＨＫラジオ第一「人生読本」を聞いてごらん、といいたい。

〔…〕「感激」「ホロリ」を二大特徴としているところなど、いかにも日本人好みではないか。〔…〕

私は、ベンダサンとは別な意味で、これが〝日本教〟だ、といいたい。（朝日　一九七三・三・一三「波　日本人の宗教感情映した「人生読本」」）

「感激」「ホロリ」といった人情を持ちだす記者の見解も、山本からそう離れたものではない。

もちろん既成宗教の側には、「人間的」な価値基準は「無宗教」に過ぎない、という主張もあった。先述の松下正寿は、立教大学総長を退任して民社党の参議院議員となった後の一九六九年、読売新聞に寄せた文章で既成宗教の「無宗教」化を論じ、それとは異なる「宗教」の行き先を指摘している。

宗教は現代人にとってなんの意味もない、といいたいほど無宗教の時代である。おかしいのは、無宗教の一番はなはだしいのが職業的宗教家で、宗教を一番求めているのがフーテン、ゲバ棒で象徴される反体制派ではないかと思われることである。〔…〕〔職業的宗教家が尻馬に乗っている「人間的」な〕社会改革や平和運動にはほかに世俗的グループがあり、〔…〕そんなことで「宗教の復興」などできないことを、彼らは暗に直感している。〔…〕

現代キリスト教会が無視しているのは、終末観の信仰である。〔…〕暗黙のうちに抹殺し、聖書や教義のうちから「人間的」なものだけを取り出して「キリスト教」と称した。〔…〕終末観を実践しているのが、皮肉にも宗教を否定するフーテンやゲバ棒である。〔…〕

私は〔…〕現代文明における「人間主義」を批判しているのである。〔読売　一九六九・

高木宏夫の記事「学生運動と信仰」に付されたイラスト（小林治雄画、毎日新聞、1963年4月21日）

三・二　松下正寿「神を追放した現代人　合理的・功利的・官能的につっ走る」）。

松下は、一九六八年に学園闘争という形で最大の盛り上がりを見せた左翼運動を、「人間主義」ではなく「終末観」を無思想ながら押し出す点で皮肉にも既成宗教以上に「宗教」らしいものとして位置づけたのだ。

「宗教」への無関心と「無宗教」の違い

ただし、松下自身は同じ年に世界基督教統一神霊協会（現・世界平和統一家庭連合）系の「市民大学講座」学長になったほか、一九七四（昭和四九）年に世界平和教授アカデミーの初代会長に就任するなど、反共運動へ挺身していく。あくまでも左翼運動ではない実体的な「宗教」の復興を求めたわけだ。左翼運動の盛り上がりに対する反動も組織化されてきたのがこの時代の特徴であり、日本の宗教界では他にも、一九六九年に神道政治連盟、一九七四年に日本会議の前身「日本を守る会」が結成されている。

他方、宗教学者・村上重良のように、一九七九年に結実する元号法制化、さらには先述した中教審の「期待される人間像」など、当時存在した種々の反動的思想潮流を「国家神道」の復活として概念規定し、警戒する人々もいた[4]。ここからは、政治と宗教の関係をめぐる争いが、どのように「無宗教」に関わりうるのかを見てみよう。

当時「国家神道」の復活として最も問題視されたのは、一九六九〜七四年に国会へ上程された靖国神社国家護持法案だった。そこでは、敗戦後に宗教法人となっていた靖国神社をその範疇から外し、国家の管理下に置くことが論じられたのだ。こうした動きに対し、一九六九年の朝日新聞ではキリスト教思想史を研究する政治学者・宮田光雄が「国家神道」批判の論陣を張り、人々における宗教への「無関心」ゆえに、「信じぬ自由」をも含めた信教の自由が脅かされると説いている。


現代人、とくに日本の知識人には宗教に無関心なひとが多いといわれている。「靖国神社は宗教にあらず」という論理が、そうした人々のこの問題にたいする正確な認識を妨げているのは、この無関心によるところが少なくない。〔…〕信教の自由にたいして無関心であることは許されないであろう。〔…〕神を信ずるものも信じないものもともにかかわる基本的人権にほかならないから。（朝日　一九六九・三・二二　宮田光雄「慰霊は宗教的な発想　靖国神社法案をめぐって　信じぬ自由、民主主義の根幹」）

重要なのは、宮田が多くの日本人における宗教への無関心を日本人無宗教説に近い形で論じつつも、それには「無宗教」の語を用いなかったことだ。無関心なまま「多重信仰」を持つ大衆は、「宗教的潔癖心をもつ少数者や無宗教の人たち」とはあくまでも区別される（朝日　一九七七・二・一四　宮田光雄「「公の神さま」と人権　政教分離、より厳格に抑圧できぬ少数者の権利」）。これは、マルクス主義などの明確な信条に基づく「無宗教」者の存在が前提とされていたためである。他紙では、社会思想史学者・水田洋や仏教学者・花山勝友も、同様の問題意識を共有していた（毎日　一九七〇・八・一一　水田洋「視点　無宗教の自由」、読売　一九七三・九・二　花山勝友「青少年と宗教教育〝信教の自由〟客観的な知識あってこそ」）。

津地鎮祭訴訟合憲判決のロジック

個別の神社を宗教法人から外そうとした靖国法案は、事例として特殊なうえ、結局廃案になっている。後年への影響という点では、日本国憲法が定めた「国及びその機関は、宗教教育その他いかなる宗教的活動もしてはならない」という政教分離規定に関わる訴訟の意義が大きかった。特に、一九六五（昭和四〇）年の津市における公立体育館の起工式で神職による地鎮祭が行われた際は最高裁まで争いが続き、一九七七年の合憲判決へ至っている。

その判決文から日本人無宗教説に関わりうる部分を見てみたい。津地鎮祭訴訟の合憲判決はしばしば、神道が「習俗」だから「宗教」ではないと論じたものだと説明される場合があるが、一読すればわかるように、神社や神道それ自体が「宗教」に該当するということはまったく否定されていなかった点に注意したい。神社が宗教法人だという前提がある以上、その部分を否定しないのは当然とも言える。

元来、わが国においては、多くの国民は、地域社会の一員としては神道を、個人としては仏教を信仰するなどし、冠婚葬祭に際しても異なる宗教を使いわけてさしたる矛盾を感ずることがないというような宗教意識の雑居性が認められ、国民一般の宗教的関心度は必ずしも高いものとはいいがたい。〔…〕たとえ専門の宗教家である神職により神社神道固有の祭祀儀礼に則って、起工式が行われたとしても、それが参列者及び一般人の宗教的関心を特に高めることとなるものとは考えられず、これにより神道を援助、助長、促進するような効果をもたらすことになるものとも認められない。（『最高裁判所民事判例集』五四三〜五四四頁）

合憲判決に歓喜する神社界の人々（毎日新聞、1977年7月19日）

判決の論理は、あくまでも神職を「宗教家」だと認めたうえで、雑居的な宗教意識を持つ日本人における宗教への「関心度」が低いために、神道による起工式を行っても人々の「宗教的関心」や神道の地位を高めるような「効果」は持たない、ゆえに憲法が禁じる「宗教的活動」には当たらない、とするものだ。このように、「宗教」が関わっていたとしてもその行為が持つ「目的」や「効果」の程度によって「宗教的活動」に当たるかどうかを判断するという法理論は「目的効果基準」と呼ばれている。ここでは、日本人が宗教へ無関心だという前提が、「宗教」に関わる地鎮祭儀礼が「宗教的活動」としての「効果」を満たさないという合憲判決を支える柱の一つとなっていた。

　そして前述した宮田たちの使い分けと同じように、この判決文でも人々の無関心を指す際に「無宗教」という語は用いられていない。被告側上告理由には「無宗教」の用例があるものの、それは政府の「無宗教的葬儀、追悼式」（吉田茂の国葬や戦没者追悼式）が「反宗教的」

違和感を「神仏の社会習俗になじんだ国民」に与えている、という文脈だった（同右、五八四頁）。神道による「習俗」は、儀礼を行った側にとっても「無宗教」とは認識されていなかったことが窺える。

三大紙は判決について賛否様々な意見を載せた。社説はいずれも判決に批判的だったが、やはり「無関心」「雑居的」な多数派とそれに「違和感」を持つ「潔癖」な少数派を区別しており、前者を「無宗教」とは呼ばなかった（一九七七・七・一三〜一四）。

神道をめぐる新たな文化論

右に見たように、政教分離規定に関する憲法解釈としては神道それ自体が宗教かどうかという定義問題ではなく、あくまでも地鎮祭という個別の儀礼が宗教上の「目的」や「効果」をどれほど持つかという程度問題について賛否が問われていた。

他方、当時を代表する中世史研究者・黒田俊雄は、「神道は宗教でなく、日本人の古来の習俗である」というような主張が、戦前の「国家神道」とは異なり「六〇年代の「経済成長」を背景にしてひとしきり繁昌してきた日本文化論的発想」を持つ「文化人類学・社会学・民俗学などの新鮮な言葉」によって語られはじめた点に注意を促している（黒田俊雄「「神道」史研究の背景」二一〜二三頁）。訴訟のロジックとはまた別の文化論的な言説も出てきたのだ。日本会議の前身「日本を守る国民会議」を率いた作曲家・黛敏郎が読売新聞紙上で津地鎮祭判決に賛意を示したコメントは典型的な例である。

> 神道は、自然と人間の融和をうたったもので、何千年も前から日本人の世界観、人生観に深く根づいており、他の宗教と同一に論ずべきではない。地鎮祭も、季節の祭礼にしても、単なる宗教的行事でなく、もっと国民生活に密着した習俗になっている。（読売　一九七七・七・一三「宗教とは異なる作曲家・黛敏郎さんの話」）

黛は、日本人における神道儀式への関心の低さを合憲の条件としていた判決とは異なり、「自然と人間の融和」という世界観や「国民生活」との密着といった点に神道と他の「宗教」を差異化するための根拠を求めていた。

また、「寛容」を持ちだすことによる一神教批判が、「神道は宗教でな」いという議論につながることもあった。日本人論の著作が多くある京都大学教授・会田雄次は、朝日新聞で「キリスト教、回教的な排他的宗教」とは違って「神道はもともと宗教やと思うてません」と判決を支持する（朝日　一九七七・七・一三「「地鎮祭合憲」に思う各界の声」）。政教分離訴訟の文脈以外では、『大東亜戦争肯定論』で著名な作家・林房雄が一九六六年の読売新聞でこう述べていた。

宗教的寛容を一歩進めた態度。わが神道の成り立ちと崇敬の対象とが、われわれに教えてくれるのは、実にこのことではあるまいか。

一柱の、または一群の神のほかに、なんじら何物をも拝すべからず、というのが宗教であるとすれば、わが『神ながらの道』は実は宗教ではない。それはこのようなあの宗この派に超越した（あるいは宗教以前の）普遍の教えである。〔…〕

私の住んでいる鎌倉には多くの古い寺々があり、鶴岡八幡宮があり、八幡宮の前には戦後新しく建てられたカトリック教会がそびえている。この「平和な共存」の中に、私は日本の神々の心、日本人の魂を見る。（読売　一九六六・一〇・三〇　林房雄「日本人と神道魂の中に滅びず異国の神々と〝共存〟しつつ」）

日本人が「宗教ではない」神道を無意識に有するからこそ「寛容」でありえたのだというこの説は、〈充足説〉に近い。神社界の専門紙『神社新報』には、同様の論法で明確に「無宗教即神道」を肯定する一般紙出身の評論家も見られた（神社新報　一九六二・一一・二四　森本忠「無宗教即神道」）。これらは、「宗教心欠如」が残虐行為を招いたとする前章の〈欠落説〉

からは反転した議論だ。

同時代の〈充足説〉としては一九七二年の毎日新聞コラムも、中東・印パ・北アイルランドといった地域で「宗教戦争」が起こっているのに比べ、「神前結婚し、ジングルベルに浮かれ、仏教の葬儀で人生を終える大半の日本人」の「無宗教こそ幸いなれ」と述べている（毎日　一九七二・一・二二　潔「憂楽帳　脱宗教」）。

「無宗教」をめぐる神社界の姿勢

その毎日新聞は、津地鎮祭訴訟に際しては〈充足説〉を採らなかった。判決がもたらす「国家神道」らしきものを批判すべく、神道における「宗教」の側面を重視した人々を持ち上げたのだ。第一章で、神道に基づく〈充足説〉に対抗しようとした宗教家たちが、神道も日本人の「宗教」だと強調し、呼びかけを試みたことに似ているが、今回はそれが新聞による日本文化論として行われたことになる。

まず判決の直後には、「国家神道」とは異なる自然発生的な「古神道」を「民族宗教」として発展させていくべきだと述べて合憲判決に反対した三重県の元神職を紹介し、「神道を愛している人」と好意的に評価する（毎日　一九七七・七・一六「宗教　いま神道は《合憲判決は残念》」）。続いて訴訟を総括した特集記事は、結論部で、敗戦後の神社界に対しそれまでの

「無神論的生活」を反省すべきだと説いた一九四七（昭和二二）年の民俗学者・折口信夫による文章（「神道の友人よ」）を引き合いに出した（毎日　一九七七・七・一九「津地鎮祭判決　神道界は勝ったのか」）。

では、神社界の公式的な立場はどうだったか。この特集記事が、最高裁判決では地鎮祭儀礼が宗教上の効果を持たないとされた以上「宗教としては敗北」ではないか、と問いかけたのに対し、伊勢神宮教学研究室長・幡掛正浩《はたかけせいこう》は、それは「時の政治の問題」でしかないと明言を避けている（同左）。人々の宗教への無関心を黙認するわけだ。しかし、かつて読売新聞宗教欄に寄稿した神社本庁調査部長・岡田米夫は、新憲法による「家長的家族制度の崩壊」が人々の「宗教的無関心」を招き、「悩みや不安」を生じさせたと批判していた（読売一九六三・二・一七　岡田米夫「関心を深める努力学校・家庭・教団の責任」）。神道と親和性の高い家制度をめぐっては〈欠落説〉を採っていたと言えよう。

他方で神社界が明確に非難したのは、国家儀礼から「宗教」要素を完全に抜こうとする「無宗教」志向である。たとえば神社本庁は、「全国民的崇敬対象」である靖国神社を憲法学上の「宗教」「宗教団体」に含めるべきではないが「宗教的（神道的）色彩」の存在自体は問題ない、という立場をとり（『靖国神社問題資料集』二六三頁）、自民党内の靖国法案私案が「非宗教性」を掲げた際には、靖国神社を「「無宗教」的性格のものに改変」しないことを求めた（神社新報　一九六七・一二・二三「四十二年の神社界を顧みる」）。こうした「宗教性」の扱いをめぐっては法案推進勢力のなかでも対立があり、最終的な審議未了廃案の一因となった。[4]

また『神社新報』の論説は、「無宗教」式で行われた戦没者追悼式や吉田茂の国葬に関して、政府が「無神論的宗派」や「〝無宗教〟といふ名の官製の一宗教セクト」を立てるのかと批判し、追悼式や「習俗」は「宗教学的意義」「宗教学の見地」から見て「宗教性」を有し、「「無宗教」などといへるものではない」とまで述べた（神社新報　一九六四・五・三〇N「論説　戦没者追悼式について」、一九六七・一一・四「【解説】無宗教方式に問題点　故吉田氏の国葬をめぐって」、一九七四・五・二〇「論説　日本人の宗教意識」、一九七五・八・二五「論説　「無宗教」といふ名の宗教儀式」）。

さらに元号法制化をめぐる論争のなかでは、日本と「無宗教国」が対比される。

西暦法と云ふのは、キリスト教国か無宗教国でのみ成り立ち得る。回教、ユダヤ教、仏教、または神道その他等々の明白な非キリスト教的な「宗教」信徒の少なくない国で、これを公権力で国定したのでは、国民多数の信教自由をふみにじることになる〔…〕。西暦論者は、欧米キリスト教国と無宗教国のみを知って、他の多くの宗教的国民の多い、新興国（大戦前の植民地または半植民地）のことを知らない。（神社新報　一九七五・一〇・二七「時の流れ　天皇・元号制について　毎日新聞の世論調査批評」）

ここでは、日本をキリスト教国や共産主義国とは異なる「宗教的国民」の国だと位置づけるのだ。なお、日本がむしろ植民地を持つ側であったことには触れていない。

この章のまとめ

一九六〇～七〇年代は、従前に引き続き新たな文脈の〈欠落説〉や〈充足説〉が登場しつつも、実は無宗教ではないと反論する〈独自宗教説〉へ軸足が移る過渡的な時期だった。

この時代ならではの〈欠落説〉としては、政治の腐敗、急速な経済成長がもたらすモータリゼーションの弊害や公害、若者の非行などが「宗教」の不在に結びつけられた。また、日本人が「エコノミック・アニマル」「セックスアニマル」として海外のキリスト教徒や仏教徒から白い眼で見られる場面もあった。〈充足説〉として「宗教戦争」にならない「寛容」さが称揚されたこととは対照的だ。

そして、〈欠落説〉の場合は元々日本人が有していた宗教が今は失われてしまったという形で、〈充足説〉の場合は一神教とは異なる「寛容」な在り方を宗教の別類型だと主張する形で、それぞれ日本人無宗教説への反論としての〈独自宗教説〉にスライドする余地が出てきた。

また、丸山真男による『日本の思想』への反論が複数出てきた点からも明らかなように、日本人論・日本文化論の主な目的が、ファシズムや敗戦ではなく高度経済成長の説明という積極的な方向へ移っていったこともあり、「宗教」の不在による欠点・美点よりも、日本で機能する「宗教」の内実を問う〈独自宗教説〉が伸長した。その中身として「自然」信仰はまだあまり強調されず、祖先崇拝や武士道を挙げるものがちらほら見られた。

なかでも「人間」という価値基準の存在を指摘する「日本教」論とともに最も目立ったのは、一神教に対し神道や仏教など多くの宗教を「寛容」に使い分ける在り方そのものが日本人の「宗教心」だ、という主張であり、宗教的情操教育の進展や保守論壇における国学評価と連動していた。前章末尾の座談会と同じ現象を扱いながらも、評価が反転しているのである。ジェンダー表象について付言しておくと、土居健郎によるベストセラー『「甘え」の構造』を踏まえた上智大学教授・鶴見和子のように、「寛容」の〈独自宗教説〉へさらに母性論を結びつける者がいた（土居健郎〔ほか〕「日本人と宗教」二六、二八頁）。

他に、この時代に盛んになった政教分離訴訟の文脈では、公的な場における神道儀礼に反対する者も賛成する者も、人々の宗教的無関心を取り上げる際には「無宗教」という言葉を用いなかった。これまでの時代に比べた特徴は、宗教批判が運動として大々的に展開されるというよりも（もちろんなかったわけではない）、国家が政教分離のために「無宗教」の儀礼を志向したり、信教の自由の一つとしての「無宗教の自由」の確保が複数の宗教者から公然と論じられた点だ。こうした使い分けも、日本人が実は「無宗教」ではないという〈独自宗教説〉の伸長を後押しする側面を持っていたと言えよう。

註

（1）石井研士『データブック　現代日本人の宗教　増補改訂版』第六章。
（2）國學院大學日本文化研究所編『歴史で読む国学』二五三～二五七頁。
（3）島薗進「日本人論と宗教」一九八～二〇一頁。
（4）昆野伸幸「村上重良「国家神道」論再考」八三～八四頁。
（5）赤澤史朗『靖国神社』一七七～一九六頁。

第五章

「無宗教じゃないなら何？」から「私、宗教には関係ありません」に
――一九八〇～九〇年代

和田理恵

一九八〇年代は「ジャパン・アズ・ナンバーワン」という言葉に象徴される貿易黒字拡大とバブル景気の時代である。一九七〇年代の〈独自宗教説〉的語りが一般読者からの投稿記事にも見られるようになる。一九九〇年代には何よりもオウム真理教地下鉄サリン事件が人々の宗教への態度に大きな影響を与えていく。

宗教意識調査のアプローチに変化が？

一九八〇年代初めに朝日新聞が日本人の信仰心に関する全国調査を実施している。特徴的なのは、従来のように「信じる宗教は何か」「神仏を信じるか」という問いから入るのではないところである。冒頭は「超自然」という見出しで次のように始まっている。

悪いことをすれば、バチがあたる――古めかしい言葉のようだが、日本人の心の中に、まだ生きていた。

◆悪いことをすれば、バチがあたると思いますか。そうは思いませんか。

バチがあたる　七二％

そうは思わない　二二％

その他・答えない　六％

単に悪いことを戒める気持ちの答えも含まれているのだろうが、肯定の答えが七割、とくに女性にはこの意識が強く、どの年代でも肯定が七－八割。男性ではやや少ないが、それでも各世代とも六割以上。職業や大都市、町村の差もほとんどない。（朝日　一九八一・五・五「宗教心と日本人　本社世論調査」）

さらに、記事は「もう一歩進めて聞いた。信仰という形に表れなくても、ばくぜんとした宗教的な心情を抱いている人は、意外に多いようだ」と続けている。この話の進め方には、〝日本人は実は無宗教ではない〟という論じ方が顕著に現れている。「宗教的心情」の内実を示そうと出されるデータは次のものだ。

◆人間の魂は、死んだあとも、残ると思いますか。そうは思いませんか。
残る　六〇％
そうは思わない　三〇％
その他・答えない　一〇％
◆あなたは、人間や自然を超えた何か大きなものの存在を、感じることがありますか。
ある　五四％
ない　四〇％
その他・答えない　六％

死後の魂を信じる人、人間や自然を超えた大きなものの存在を感じる人、いずれも半数を超えた。（同右）

紙面には年代別のグラフが掲載されており、死後の魂を信じる人の割合は二〇代が最も高いことが一目でわかる。記事は文化面の一ページ全面を使った大きなものだが、全体の見出しのすぐ下に「「霊信じる」二〇代が最高」と記されているように、これは記者が最も強調したかったデータである。こっくりさんや『うしろの百太郎』などのオカルト・ブームの時代としても知られる一九七〇年代に子どもだった大人たちは、大人になっても霊や霊界を信じていると示したいのであろう。質問文では（死んだ後に残る）「人間の魂」という、祖先の霊も含める言葉が使われているが、見出しにするときに「霊」と置き換えたところにその意図が読み取れる。

記事は後半で同じ回答者たちの宗教所属のデータを出している。「信仰している宗教は」という質問に約六割が「ない」と答え、年齢が若いほどその比率は高くなり、二〇代前半では八割が「無宗教」だった。これと前半のデータを相関させて、記事は次のように分析している。

この「無宗教」者層の半数以上は「人間や自然を超えた大きなものの存在を信じる」とし、「人間の魂は死後も残る」と答えている。さらに七割が、科学の進歩による神秘的なものの解明に疑問を持ち、「悪いことをすればバチがあたる」と思っている。四割以上が厄年、大安や仏滅、縁起やジンクスを気にし、八割は「おみくじ」を引いたことがある。そして半数が現に「お守り」を持っている。

こうして浮き彫りにされた「無宗教」者層の大半には、合理性に徹した無宗教者の意識はほとんどみられない。そこには、既成教団では吸収しきれない、習俗に近い宗教的

心条がみえてくる。これはむしろ、「無宗派」層と呼ぶべきかもしれない。(同右)

これはまさに〈独自宗教説〉の語りである。

若者の投稿にも〈独自宗教説〉

新聞の読者投稿欄には戦後、若者からの投稿が増えるが、その中にも〝日本人は実は無宗教ではない〟説が登場する。一九八八(昭和六三)年、朝日新聞の「声・若者たちはいま」欄にキリスト教徒の大学生が年末年始に考えたことを投稿している。

この時期、決まって日本人の宗教心が取りざたされる。私の教会でも、信仰における日本人の無節操に腹を立てる声が聞かれるが、大抵「まったく日本人は無宗教で」ということに落ち着くようである。しかし、確かに多くの日本人は無宗教かもしれないけれど、同時に、きわめて宗教的な国民なのではないかと私は考える。

受験合格とか交通安全とか縁結びとか、いわば現世的御利益をお願いしてばかりいるのは虫のいい話である。しかし、いずれも人の力ではどうしようもないこと、または不確かなことを、人間を超えた存在にゆだねようとしている。それは、自分の限界、自分の弱さを認めることにもなるのではないか。
日本人の優れた技術が、何でも可能にしてしまえると過信しがちな現代、クリスマスやお正月は、そんな日本人を超えた見えない何かを思い出させてくれる良い機会なのかもしれない。（朝日　一九八八・一・一四声欄「国民に宗教を思わせる季節」）

日本人はクリスマスを楽しく祝ったかと思うと、数日後には初詣にどっと繰り出す。それは無宗教だからだとよく言われるのに対して、投稿者は「きわめて宗教的」な国民だととらえ返している。

前章で識者たちが唱えた、無宗教日本人も宗教にもっと知的関心を持つべきだ、それは自他の信教の自由を守るためにも必要だという主張も、この時代は若者の投稿としても現れている。次の一八歳の学生による投稿は、一九八九年、イスラムを冒瀆したとされる『悪魔の詩』をめぐる問題が話題になったときのものである。

イランでは最高指導者ホメイニ師の「処刑宣告」を受けた「悪魔の詩」の著者への制裁要求の機運が高まっているようです。この事件を聞いた大部分の日本人は、恐らくイスラム教徒非難の意見を持つのではないでしょうか。一般的に日本人は直接宗教に触れる機会はあまりなく、「無神論者」と自負している風潮があるからです。

かくいう私もその一人で、今まで特定の宗教は信仰しておらず、これからもそうするつもりはありません。しかし、国際社会で日本が中心的な役割を果たそうとする時、大きな壁となるのは「言語」よりも、むしろ「それぞれの国の宗教観」ではないか、と私は思うのです。

もちろん、今回のイランでの事態を正当化するつもりなど全くありませんが、ただイスラム社会の体制を非難することも避けたいのです。なぜなら「無神論者」であるとはばからぬ人が多いこの日本では、厳しい信仰を持つ人の間で起きた事件を真に理解するのが不可能なのではないか、と思えるためです。

二四日の大喪の礼をひかえ「政教分離」などといった言葉も聞かれる今、日ごろ宗教に無関心な日本人にとって、「宗教とは何か」という問題について考えてみる、よい機会ではないかと思います。（朝日　一九八九・二・二二 声欄「避けて通れぬ国際化と宗教」）

核家族化の影響

オカルト・ブームの影響に加え、宗教意識や行動への影響が想定される、この時代ならではの現象は核家族化である。八〇年代の終わり近くに読売新聞が行った世論調査に関する記事は、核家族化と冠婚葬祭の関係を分析し、とくに葬儀を大部分の日本人が肯定していることに注目している。

日ごろ宗教を信じ、積極的にかかわっている人は少ないが、墓参や初もうでなどの宗教的行為は大半の人が行う国民、ということが過去の読売新聞社の調査結果でも示されている。葬儀に関しても、今回の結果で「ぜひ必要」「とくに違和感は感じない」合わせて八六％が宗教的儀式を肯定、「形式化して意味がない」とする意見は一二％にとどまっている。（読売　一九八八・四・一八「冠婚葬祭、しきたりは尊重　現代の意識探る・読売新聞社世論調査」）

そして、「地域のつながりが弱まり、人間関係が希薄になる中で、冠婚葬祭はそれをつなぎとめる機会として機能している面もあると思われる」と結論づけている。これはそれらの式に親戚や近所・職場の知人を招くからというだけではない。インターネットのない時代だったため、冠婚葬祭でわからないことがあった際には、「年配者など経験者に、また友人や近所の人に相談するのが、それぞれ五九％、五三％」という調査結果が示すように、個々の家族だけでは式の挙げ方のノウハウもわからないということがあった。

このようなリアリティに対して、研究者の方は日本の独自宗教に関する固定観念にとらわれているのではないかと疑わせる記事もある。毎日新聞の一九八三（昭和五八）年正月に掲載された「日本人の宗教意識」という特集で、日本の民間信仰を専門とするアメリカの人類学者、ロバート・スミスに対するインタヴューをもとに構成されている。「不思議な国でアリマス」「実はとても宗教的で」という見出しがついているように〈独自宗教説〉の典型である。また「ジャパン・アズ・ナンバーワン」時代を反映してか、無宗教を問題化するのではなく、アメリカの常識とは異なる日本の特徴を「不思議」「ナゾ」と形容した上で、皆で面白がろうというエンタメ仕立てになっているところが余裕を感じさせる。その記事のインタヴュー部分である。

――よく、日本人は宗教に無関心といわれますが……。

［スミス］　日本に関する本を読むとたいていそう書いてありますが、とんでもない間違いです。たとえば、道で会った人に手当たり次第に「宗教に興味はありませんか」と聞いてみる。ほとんどの場合「関心ない」とそっけない返事が返ってくるはずです。しかし、「あなたのご先祖さんのことを聞かせて下さい」と水を向けたら、話は違ってくる。亡くなった人の思い出話やら家系やら、どんどん話がはずむはずです。仏壇やお位はい

のない家庭は少ないし、祖先崇拝の強さは、お守りとともに、日本人の宗教意識の大きな特徴ですよ。
――祖先崇拝も宗教?
[スミス] もちろん立派な宗教です。〔…〕日本人というのは、実に宗教的で信心深い民族ですよ。みなさん、それを自覚しておられないだけの話です。(毎日 一九八三・一・一二 田原由紀雄「日本人の宗教意識」)

住吉大社の初詣客(毎日新聞、1983年1月12日)

このように、記事は日本人が意識せずに持っている独自の宗教を何よりも「祖先崇拝」としている。しかし、スミスが例に出しているのは、いつの時代のどこの日本人のことなのだろう。朝日新聞の調査によると、仏壇の保有率は、町村地域では七割以上を保持しているものの、一三大都市では一九八一年五五・二%、一九九五年四六・六%となった(1)。都市において「仏壇やお位はいのない家庭は少ない」とはとても言えない。それに、「亡くなった人の思い出話」をすることは「祖先崇拝」だと言い切れるだろうか。

スミスは「戦後間もなく、四国の農村でフィールド・ワーク」を行なったと紹介されている。記事には、その年の正月に大阪の住吉大社に参拝する初詣客の写真が掲載されているが、スミスはこの都市圏の人々の意識を捉えきれていただろうか。そこにはギャップがあるにもかかわらず、スミスは、また記事は、「日本人」をひとまとめにし、その〈独自宗教〉を戦後何年経っても変化がない超歴史的な特徴として描いているのである。

アニミズムという超歴史的〈独自宗教説〉

この超歴史的な祖先崇拝としての〈独自宗教説〉は、しかしながら、「アニミズム」としてのそれにまもなく取って代わられることになった。日本固有の信仰は縄文時代のアニミズム、つまり森などの自然の中に霊を認め、畏敬の念をもつ信仰だという説である。そのような信仰を現代に蘇らせるなら自然破壊も止まるという思想は現在もよく目にするものだ。これを流行らせたのは、一九八七年に創設された国際日本文化研究センターの初代所長となった哲学者・梅原猛である。書籍では『〈森の思想〉が人類を救う――二十一世紀における日本文明の役割』（一九九一年）で知られる思想だが、新聞ではその少し前から発表している。

二十一世紀において最も重要な思想は、私はアニミズムではないかと思う。〔…〕アニミズムは、次の二点によって特色づけられるであろう。
一、自然に宿る霊―アニミズムは、〔…〕自然現象及び動物、そして植物など、一切の

> ものがその背後にある隠れた霊によって動かされていると考える。〔…〕アニミズムは自然宗教であり、同時に多神論でもある。
>
> 二、霊の循環――〔…〕人間ばかりか、全ての生きとし生けるものは、〔…〕絶えざる霊の循環運動を繰り返すわけである。
>
> 　アニミズムをこのような二つの特徴でとらえるとき、私は、日本の神道はほとんどアニミズムであると言ってよいと思う。（読売　一九八九・一・二七　梅原猛「アニミズムの再生　人類生き残りの思想に」）

前述の一九八一年の朝日新聞の調査では、「人間や自然を超えた何か大きなものの存在」という表現が質問の中に見られた。「自然を超えた」は「超自然的存在」としての神々の言い換えと考えられるが、梅原の言うアニミズムでは神霊は自然の〝中〟に宿るものである。そのようなアニミズムは、旧石器時代には世界的に存在したが、牧畜農耕文化が興隆すると衰退したと梅原は続ける。

> 　このような自然神に代わって超越神、あるいは人格神が崇拝される。〔…〕人間の自然支配のために甚だ有利であるからである。〔…〕今日、人間の一方的な自然征服は自然

破壊を招き、人間が生きていく環境を人間から奪うことになり、それがやがて人類の滅亡につながることが誰の眼にも明らかになってきたのである。もう一度超越神、人格神の意味が反省され、アニミズムが、それとともに自然神と多神論が見直されねばならぬ。

（同右）

梅原はこのエッセイの中で「無宗教」という語を用いてはいないが、一九九〇年には中村元との対談で「日本人が無意識に持っている宗教性」を論じる文脈において日本の基層にある「森の文明」に触れる記事が現れる（朝日　一九九〇・一・一六　中村元氏・梅原猛氏「日本人を語る 思想 宗教 新時代下」）。その後、〈日本人は無宗教ではなく、キリスト教のような宗教とは対照的なアニミズムという伝統をもつ〉という説が広がっていく。鉄腕アトムやポケモンはアニミズムから来たものだ、宮崎アニメもそうだ、という具合に。梅原はアニミズムの起源を縄文文化や旧石器時代に求めているため、歴史を踏まえているように見えるかもしれないが、日本人の原点を縄文時代に置くのか弥生時代に置くのかは、学術的に決着のつくような問いではない。論じる人が最初に日本人（の範囲・定義）をどうとらえるのかに依存する、循環する議論になるからである。よって梅原のアニミズム説は歴史学というよりもイマジネーションの産物である。さらに、鉄腕アトムもポケモンもアニミズム由来だと言われるまでになると、〈日本人は昔から現在までずっとそうだ〉という超歴史的な日本人論になるのである。

昭和末期の自粛ムード

梅原によると、天皇制は神道が政治化し原初のアニミズムから変質したものだが、アニミズムへの回帰を高らかに謳うこの新年のエッセイは、折しも昭和天皇逝去から三週間後に掲載された。この時の正月は、自粛によりしめやかなものだった。

前年一九八八（昭和六三）年九月一九日に天皇の病状が急変して以来、連日、出血下血状況から治療内容に至るまでがこと細かに新聞に掲載され、社会は自粛ムードに包まれた。運動会などの学校行事は中止されることが多くなった。祝賀会やパーティー、祭りなどもほとんどが中止となった。テレビのバラエティ番組の自粛も相次ぎ、歌番組では、「祝い」という字が入る曲を避けたケースがあった。年末には街の中心に飾られるクリスマスツリーの飾りが質素になり、門松の販売が不振であることも報道された。

文相が文部省として学校行事の自粛を求める考えはないことを明らかにしたり、皇太子（現上皇）が、過剰な自粛ムードに憂慮の念を示したりしたが、自粛が止むことはなかった。当時の人々もその理由を様々に考察している。たとえば朝日新聞の東京版でのルポ「自粛の街を歩く」には一週間で七〇通の読者の反響が寄せられた。団体役員という年配の男性からは次のような文章が寄せられている。

お祭り自粛は当然だ。憲法第一条で天皇陛下が「日本国の象徴」であることは漠然と知っていても、「日本国民統合の象徴」であることは案外知られていない。父母が重体に陥った時、社用出張はやむを得ないとしても、観光旅行やお祭り騒ぎを自粛するのは日本人の一般常識であり、あえて強行すれば他のものからまゆをひそめられるのは当たり前でしょう。「国民統合の象徴」を再認識すべきだ。（朝日　一九八八・一〇・二二「読者の手紙続々　一週間で七〇通も（自粛の街を歩く）／東京」）

自粛のため、茨城県で門松用の松を燃やして処分（朝日新聞、1988年12月12日）

この発言は、日本国民を家族のようにとらえる、戦前の家族国家観を想起させる。一方、二〇代会社員からは自粛ムードは周囲に合わせてのことだという意見がある。

キーポイントは「周りに合わせて」なのです。丸の内の会社に勤めてますが、社内でいつもは保守的なおじさんたちが、けっこう、この件に関してはびっくりするほど批判的で冷ややか。〔…〕でも悲しいかな、しばらくすると「みんな記帳に行くなら、いかんとならんねえ」。一人だけ、一社だけ違うことは出来ない社会なのですね。（同右）

年末には、年賀はがきの販売についても、「自粛ムードの中で、全国でざっと二割、約七億枚も売れ残っている」（読売　一九八八・一二・一七「〝冬眠〟年賀はがき」）と報じられている。これは「企業の需要の落ち込みが大きい」ことの影響であると分析されており、企業の横並びも自粛ムードの要因となっていたことがうかがえる。

自粛への疑問

天皇重体と日本での自粛の様子は海外でも報道された。留学中の三〇歳の日本人女性が、現地での報道の様子と、外から見た日本社会について投稿している。

天皇重体のニュースはフランスでも大きく報道されている。〔…〕例えば、九月二四日夜のテレビニュースは、記帳の列をルポしながらこう伝えた。「日本人はヒロヒトを語る時、古めかしいことばを持ち出してくる。皇居のスポークスマンは一言一言を発するのにスポイトで量って落とすような慎重さだ。近代化、民主化されたはずの日本に、まるで古い時代が舞い戻ってきたかのようだ」〔…〕

たった四〇年ほど前まで国民全体が一人の人間を神と信じていたこと、いまなお、特別なことばを用いずにはその人を語れず、本名でさえ呼べず、その人の体の具合が悪くなると、国民が普通の生活を送れなくなる、といったことが、奇妙な症候群に見えるようだ。〔…〕

これに対して「外国人に日本人固有の感情が分かるはずがない」「フランスはつまらない思想ばかり発明して議論、対立しているからじり貧になる。日本人は天皇制のまわりに黙って一致団結するから豊かになるのだ」と反論する日本人もいる。天皇制を積極的に擁護するのは自由だ。いま、最も恐ろしいのは、天皇をめぐるタブーはどこかおかしい、と心の中で思いながら口をつぐみ、大勢に従おうとすることではないだろうか。

（朝日　一九八八・一二・一「読者の声特集（自粛の街を歩く）／東京」）

単に人々が申し合わせたように自粛する様が全体主義的（今風には〝忖度〟）でおかしいというのみならず、戦前戦中の天皇崇拝が復活したように見えることも問題にされている。それに対して、そう報道されがちな状況に苦言を呈している意見も一九歳予備校生から寄せられている。

先日、テレビニュースを見ていたら、「お見舞いの記帳者が三〇〇万人を超えた」と伝えていた。一緒に見ていた親類の小学生から「なんでこんなにたくさんの人が行くの」と聞かれた。〔…〕

記帳者の数は総人口の二・五％に過ぎない。テレビでは記帳する人の気持ちは報道していたが、記帳していない九七・五％の国民の気持ちは報道していなかった。記帳した人もしない人も、自分の行動を改めて考えてみることが大切なのではないか。（朝日　一九八八・一〇・二二「読者の手紙続々　一週間で七〇通も（自粛の街を歩く）／東京」）

大喪の礼における「政教分離」

日本国憲法下において初めて行われた天皇の葬儀である昭和天皇の大喪の礼は、皇族行事である「葬場殿《そうじょうでん》の儀」と国家行事の「大喪の礼」を分け、後者からは宗教色を排除するという政府の方針に基づき行われた。祭官は葬列には加わらないこと、葬場殿の儀終了後に供物を撤去すること、大喪の礼の前に葬場殿前の幔門《まんもん》を閉じ、大真榊《おおまさかき》、鳥居の撤去作業を行うことで宗教色を抜き、政教分離を保つことができるとした。

この方針をめぐっては、前章で示した政教分離論争の構造が再浮上した。国会の議論の中では、神式行事「葬場殿の儀」への三権の長の参列や、公費支出も問題とされたが、政府は津地鎮祭訴訟の最高裁判決を根拠に問題なしとした。首相が参列しても、「宗教的意義を目的にするわけでもなく、（宗教を）援助するというような効果を持っているわけでもない」（毎日　一九八九・二・二三「「葬場殿の儀」に続き「大喪の礼」尾を引く憲法論議」）というのである。紙上の論争では、政治学者・高坂正堯《こうさかまさたか》などは政府の見解を支持した。

伝統に基づく儀式というものはやはりなくては困る。社会、民族が続いているということを感じ、安心できるからだ。
大喪に対する政教分離の面からの批判は、私にはよくわからない議論だ。宗教が政治に影響を与えることは日本の現状では考えられない。〔…〕元来、日本では政治と宗教の結びつきは弱い。大喪には神道的な要素はあるが、だれも、大真榊に神が宿っているとは思っていない。（朝日　一九八九・二・二五「「大喪の礼」で学者四氏に聞く」）

葬場殿の鳥居前で一礼する皇太子（読売新聞、1989年2月25日）

宗教に関心のない人が多い日本社会では、宗教が政治に結びつくことはないし、神道儀礼が宗教的な意味をもつわけでもないという論理である。

それに対して、葬場殿の儀からも神道色を抜き、政教分離を徹底すべきという批判が出た。その理由として、宗教学者・村上重良は、天皇が国の象徴である以上、その葬儀はどの部分もプライベートなものではありえず、葬場殿の儀を神道式で行っては、政府が特定の宗教に国家儀礼の執行を認めたことになるという点を挙げた。

大正天皇の大喪儀の再現で、政府が皇室行事と国家行事を分けたと釈明しようが憲法の政教分離原則に反しているのは明らかだ。〔…〕伝統主義の人々は天皇家の宗教は神道だから神道でやるべきだと言っているが、問題は葬儀が、象徴天皇制下で行われたということ。国の行事として行う以上、すべてを無宗教形式でやるべきだった。（読売　一九八九・二・二五「大喪の日　政教分離に揺れて…　識者はこう見る」）

その後行われた即位の礼、大嘗祭《だいじょうさい》については、無宗教との関連で論じられた記事はごくわずかとなり、これ以上に議論が深まることはなかった。

阪神・淡路大震災からオウム事件へ

一九九〇年代の大きな国内の事件は、バブル崩壊、それに続く一九九五（平成七）年一月の阪神・淡路大震災（以下「阪神大震災」）、三月のオウム真理教による地下鉄サリン事件である。

現在の研究には、二〇一一年の東日本大震災後に比べ、阪神大震災後の新聞報道においては、さまざまな宗教団体による被災地救援活動は「完全に無視されたも同然だった」[2]と総括する論文もある。だが、この分析はいささか極端であり、阪神大震災後も新聞での好意的な取り上げがないわけではなかった。たとえば毎日新聞は、一月二九日の宗教欄で、「宗教団体も救援活動」と題した記事を組んでいる。物資の供給や炊き出しなどを行う団体として取

阪神大震災、神戸市中央区のビル倒壊（上）
焼失した神戸市長田区商店街（下）
（写真提供：神戸市）

り上げられているのは、順に立正佼成会、創価学会、浄土真宗本願寺派、黒住教、天理教、金光教で、義援金募集を開始した団体としては、真宗大谷派、曹洞宗、日蓮宗といった仏教宗派である（毎日一九九五・一・二九「宗教団体も救援活動」）。

さらに興味深いことに、その記事の真上に、俳優の小沢昭一と創価学会会長・秋谷栄之助の対談が掲載されている。この対談は一月八日から始まった一〇回ほどのシリーズもので、早稲田大学で同期だった二人が昔話、時事問題や人生について話している。創価学会に関する記事はそれまでも多いが、それらは主として政治に関するものや、事件がらみの批判的なものであり、会長の発言が掲載されるのもほとんどがその文脈でのものだった。会長が旧友と親しく語り合うような記事が宗教欄に載ることはそれまでなかったのである。つまり、この日の毎日の紙面では、創価学会、立正佼成会を筆頭に、新宗教教団が既成宗教である伝統的な仏教の宗派とまったく変わらない、正確にはより大きな扱いを受けていたのである。

この日の対談の内容は、無宗教の小沢の、「このたびの地震災害の恐ろしさに、おののいております」という発言から始まっている。小沢は続けて「宗教とか哲学の出番というふうにも感じるんですね。今度の災害は人災の部分も多いなんていわれますが、私自身は、開発優先の日本、自然に対しての畏れを忘れた思い上がりに、ガツンとやられた思いがいたしました。世の中、来るところまできた気がしていたんです」と述べている（毎日一九九五・一・二九「〈対話〉信の道・芸の森　創価学会秋谷栄之助会長・俳優小沢昭一さん」）。梅原のアニミズム説への注目も相まって、震災後に宗教に期待した人は小沢だけではなかっただろう。

しかし、「宗教」や新宗教教団に対する印象はオウム真理教の地下鉄サリン事件をきっかけに反転する。たとえば次の引用は、事件の数日後、無宗教だという五〇代男性から寄せられたものである。

宗教、とりわけ新興宗教といわれる教団の一部に以前からうさん臭さと不信感を持っていたが、このたびのオウム真理教に関する一連の事件でもそのことが露呈され、起こるべくして起こったまたもやの感がある。

今回の事件も含めていつもつきまとうのは信者とカネ、入信と脱会に関するトラブル

営団地下鉄築地駅構内に入るために防毒マスクをつける警視庁の係員ら（毎日新聞、1995年3月20日）

である。（朝日　一九九五・三・二八　声欄「宗教家は自らの体質を問うべきでは」）

宗教への厳しい態度は世論調査にも現れた。同年六月の読売新聞の世論調査では、宗教を「信じている」人の比率も宗教が大切だと思う人の比率も急に減少した。

宗教を信じている人は、一貫して減少を続けてきたが、七九年から九四年まで一五年間で八ポイント減と、そのスピードはゆるやかだった。今回、わずか一年間で六ポイントも急減したのは、オウム真理教事件の影響と見られる。〔…〕

幸せな生活を送る上で宗教が大切だと思うかどうかを聞いたところ、「大切」二六％に対し、「そうは思わない」七一％だった。「大切」は昨年六月の調査に比べて九ポイント減少、逆に「そうは思わない」が一一ポイント増加した。「大切」は、七九年以降、五年おきに行っている宗教に関する定期調査で、減り続けてはいるが、八四年（四四％）から九四年（三四％）の一〇年間の減少幅が一〇ポイント。今回の変化は、その一〇年分にほぼ相当するだけに、この一年間で宗教に関する国民意識がいかに大きく動いたかがうかがえる。（読売　一九九五・六・二七「オウム事件と宗教観　〝宗教離れ〟一段と加速　読売新聞社全国世論調査」）

同調査ではオウムは特別な例だと思ったという答えが六六％を占めており、調査対象者の多くはオウムが宗教全般と同列ではないとみなしている。それでも、オウム事件が宗教全般に与えたマイナスイメージはかなり大きかったということがうかがえる。

オウム事件後の「私は無宗教」

オウム真理教には若者が多数入信していた。事件後、オウムに若者が惹きつけられたのは、既成の宗教に魅力が感じられないからだという意見が一般読者から噴出した。「僧侶は現世の人々に心のやすらぎを与えているだろうか」、「「寺と檀家」とは死者の扱いだけで、「生者と宗教」としての取り組みはない」（朝日　一九九五・七・一一「既成の宗教は　投稿特集・オウム真理教」／大阪）などである。それに対し、僧侶の側からも「私のような既成宗教は、「お弔い）から抜け出すことができません」（朝日　一九九五・七・一八「オウム真理教　投稿特集」／大阪）と率直な反省が寄せられていたりする。三〇代の会社員による次の投稿には、「私は無宗教です」と言えば自分がまともな人間だと証明できるとするような風潮が生まれたことがうかがえる。

宗教団体の堕落を批判する声が高まっているが、宗教そのものも指弾される場面が増えてきたようだ。先日もラジオで「私は無宗教です」と得意げに発言する人がいて、良識ある意見の代表のようにうなずかれていた。私たちの中にはどうやら、「人間の良心と努力によってこそ物事は打開されていくのだ」という強固な信条があるようだ。〔…〕しかし、ひるがえって考えるに、良くも悪くも人間が人間を正確に照らし出せるのか。ここに立ち表れてくるものこそ、本来の宗教ではないだろうか。

宗教への批判の多くは的確ではない。神秘体験、超能力、処世訓、精神修養、死後の世界、現世利益をめぐる取引、占い、マジナイ、タタリを恐れての供養……。これらはすべて人間の欲望の従者である。

こんなたぐいをもって私たちは「宗教」と呼び、批判を加えるが、私たちのおメガネにかなう宗教とは一体、どんなものなのか。

問題は宗教ではなく、常に自己を「良し」とする私たちの側にある。私たちは「無宗教」なのではなく、いまだ宗教を知るに至っていないのかもしれない。（朝日　一九九五・七・一八「オウム真理教　投稿特集」／大阪）

投稿者本人は、本当の宗教を知ることなしに「私は無宗教」で済ませるのは問題だという考えだが、自分はとにかく宗教とは関係ないと見られたいという人が増加したのが事件後の状況だった。こういった状況を反映してか、この翌年に無宗教をテーマにした書籍が話題になる。

ベストセラーに見る無宗教

一九九六（平成八）年一〇月に阿満利麿『日本人はなぜ無宗教なのか』が出版された。本書「はじめに」でも参照したが、阿満は、日本人の「ご先祖を大切にする気持ちや村の鎮守にたいする敬虔な心」を「自然宗教（自然崇拝ではなく自然発生的宗教の意味）」と呼ぶ。自然宗教もキリスト教に劣らずれっきとした宗教であるにもかかわらず、日本人が自分たちを「無宗教」だと思うようになったのは、近代において「宗教」の語をキリスト教を典型とする創唱宗教を意味するものとして受容したため、またその語が政治利用され、宗教観が「痩せ」てしまったためだと言う。同書は一九九七年上半期にかけてベストセラーランキングにたびたび登場した。

日本人無宗教説としてはこれは〈実は無宗教ではなく自然宗教の信者だ〉とする〈独自宗教説〉である。また、独自宗教説の中では、民間信仰を日本の宗教と見なすものであるため、本書でも五〇年代の民俗学者・堀一郎の同種の説を紹介したように、特に新しいものではなかった。それにもかかわらず同書がベストセラーになったのには、いま振り返ってみれば、二つの理由が考えられる。一つは地下鉄サリン事件を受けて、本当の宗教と危険なカルトを見分けるために、宗教の本来の意味や姿を知りたいというニーズが高まったこと。もう一つは、その本当の宗教は、キリスト教とは異なるユニークな信仰として、日本の歴史の中にすでに存在しているという論調がバブル崩壊後に自信を喪失した人々に訴えるものだったことである。

一例だが、毎日新聞の読書欄に「民族的心性を解き明かす」と題した同書の書評が掲載されている。経済界の評者によるもので、書評は、「国際化が進行し、経済大国になり、平均的に豊かになったわれわれは、遂にバブルがはじけて途方に暮れているのが今であろう」という一文から始まる。評者はそのような時代背景のなかで宗教関係の本が読まれ始めており、自分も時々読むという。その評者が本書からまず得たのは、「墓に水をかけるという習慣をもっている民族は日本人以外にないという記述を見て、目からうろこが落ちた」という体験だった〔毎日　一九九七・四・七〔私の読書〕野村證券常任顧問・相田雪雄さん「日本人はなぜ無宗教なのか」〕。

一九九六年には、梅原と同じく国際日本文化研究センターの教授だった山折哲雄も、サリン事件を踏まえて無宗教という日本人の自己認識について考察した『近代日本人の宗教意識』を出版した。新聞では、山折は一九九〇年代以降、〈独自宗教説〉のエッセイ類を三紙いずれにもたびたび寄稿している。サリン事件後は、オウム真理教代表麻原彰晃に会ったことのある山折への取材も相次いだ。次は戦後五〇年を意識したインタヴューからの抜粋である。

> 日本は、様々な対立する思想や価値、原理原則を柔らかく受け入れてきた。外来文化を自分の背丈、風土に合わせて受容してしまう。非常に柔らかい、柔構造の受信機。発信機能は弱いが、受信機能はものすごく精度が高い。その基層にあるのは、淡泊で、多元的な価値観、世界観です。〔…〕
>
> キリスト教から近代の日本が受けた精神的な影響は大変大きい。明治の国家神道化にしても、近代ヨーロッパのキリスト教に対応する精神的基軸を天皇の万世一系性に求め

ようとした、伝統的神道の一神教化、キリスト教化の試み、と僕には見える。ただその時に、日本の指導層、知識人は、日本の伝統的なあれもこれもという宗教を低く、劣ったものと評価した。それは宗教ではないとさえ考えた。その傾向は戦後ますます進み、自分たちを西欧人の目で見て無宗教、無信仰とみなすという自己認識の倒錯、偽りの無神論的風土を広げた。オウム問題の、それは重要な要因だと思う。（朝日　一九九五・八・一〇　佐田智子「多元的な価値観　山折哲雄氏」〔日本の可能性：一二〕）

そのまま受け取れば、外来文化を自分に合わせて上手に受け入れてきたはずの日本人が、キリスト教はなぜか（!?）消化できず、逆に侵食され、その弊害が今も続いているということになる。その弊害の一つがオウム問題である。オウムに入信する者が出るのは、キリスト教優越主義の視点から宗教をとらえるようになり、自分たちの本来の伝統宗教を見失ったからだというロジックだ。

癒しブームと無宗教

ところが、阿満や山折の啓蒙に従って世の中が日本の宗教伝統に回帰したのかといえば、オウム事件の後に流行したのは「〇〇ヒーリング」「〇〇セラピー」といったカタカナ語が躍る「癒《いや》し」だった。こういった癒しの術は、伝統的な民間療法と接点がないわけではないが、山折が「癒し」は「イヤシイ（卑しい）」と揶揄したように（読売　一九九九・一二・二九　山折哲雄「［論点］現代日本の「末」と「不信」」）、ベクトルは異なるものだった。

癒しは新聞では「ブーム」と称され、いくつもの特集が組まれた。宗教学者たちはオウム真理教事件の影響により、教団の形をとる「宗教」が（それまで以上に）敬遠されるようになり、個人が好き好きに消費できる「癒し」に関心がシフトしたのだと分析した。たとえば一九九八年の読売による、宗教観世論調査結果の報道は、「宗教離れ変わらず「大切と思わない」七割」「オウム事件引きずる」という見出しから始まるが、国学院大学教授・井上順孝《のぶたか》による次のコメントで締めくくられている。

◆「心の癒し」新潮流も

宗教への信頼やかかわりの度合いは、オウム真理教事件で急激に低下した。今回の結果を見ても、「宗教不信」とも言える状況は回復していない。〔…〕

ただ、こうした宗教への不信感、宗教離れは、正確には「宗教団体離れ」である。宗教そのものが日本社会で存在感を弱めているとは思えない。むしろ、先行きが不透明な社会状況下で、あるべき宗教の姿がなかなか見つからないことへのあきらめがあるのかもしれない。
そんな中、自然や音楽などを利用した「ヒーリング・癒し」のブームにも見られるように、「人のこころ」の問題の解決を、宗教団体ではないところに求める動きが目立つ。こういう傾向は、若い世代を中心に、今後ますます顕著になりそうな予感がする。（読売　一九九八・五・三〇「宗教離れ変わらず「大切と思わない」七割／宗教観読売新聞社世論調査」）

「癒し」という言葉がいつから「自然や音楽などを利用したヒーリング」の意味で使われるようになったのかについては、同時期の朝日新聞の記事に記載がある。それによれば、当時『広辞苑』などに「癒し」という見出し語はなかった。一般の新聞で使われ始めたのは、文化人類学者上田紀行が大学院生だった一九八八（昭和六三）年に、スリランカで調査した悪魔ばらいの写真展を中心としたイベントに「癒しのコスモロジー」と名付けた頃からであるが、「一九九四年一二月に大江健三郎さんがノーベル文学賞受賞記念講演で「人類全体の癒し」について語り、九五年の阪神大震災で被災者の心の傷が問題となったころから、急激に増えた」という（朝日　一九九八・六・二七　高部恭子「探検キーワード　癒し「物足りなさ」埋める物」）。現在、三紙の新聞のデータベースで「癒し」をキーワード検索しても、確かにそのあたりが発端であり、新聞によって程度差はあるが一九九五年前後から増えていることが確認できる。

つまりは、おおかたの「無宗教」日本人は認識を改めるというよりも、「宗教」を忌避しつつ癒しを一つの選択肢としたことになる。次のイラストレーター・南伸坊のコメントはそのことを表している。

現代人が「癒し」を必要としていない、と思う人は少ないだろう。みんなワケがわかんないくらいに忙しいのだし、よるべがなくて不安なのである。

「へんな宗教に凝るのはコワイ」が匂《にお》いローソクや、まじない音楽なら、イルカやUFOや風水なら、〔…〕拝み屋さんじゃないヒーラーなら、いたこではないチャネラーなら信じるらしいのである。

無宗教だ、無神論だといったって所詮《しょせん》「強くなった」わけじゃない。（同右）

無宗教葬と人前結婚式の一般化

〝私は無宗教だ〟が自分はごく普通の人間だという意味合いをもったこの時期、しかしながら、無宗教式の葬儀はなお普通ではなかった。話題としては新聞に頻出する。八〇～九〇年代の新聞記事を「無宗教」という語で検索すると、「無宗教葬」に関する記事が全体の約四割を占めるのだ。

前述したように、八〇年代にはなお宗教式葬儀を肯定する人が世論調査では多かった。無宗教葬の記事の内容も、ほとんどが円地文子、開高健など文人を中心とした著名人の無宗教葬やお別れ会の様子を報道するものであった。多くは、好きな音楽を流して献花をするという「型」のようなものが見られ、仏教的要素が含まれるものもあった。

それに対して九〇年代には無宗教葬への関心が一般の人にも広がった様子が投書からうかがえる。葬儀を行いたくない理由についての特集記事で社会学者・鶴見和子は「投書をみると、現在の葬儀のやり方を拒む理由として、戦争体験がひとつある。生き延びている罪の意識を感じさせる。また、生きている人に迷惑をかけたくない、という考えが多く、次いで葬式仏教批判がある」としつつ、ただし自分の死生観を反映させたいと意思表示をしても、実現が難しいことを指摘している（朝日　一九九三・四・二六「葬儀・告別式を行わぬ理由　鶴見和子さんと読者が考える」）。親族や周囲の人による一般的な葬儀への圧力はまだ強かったのである。次の記事には四〇代の女性が夫の無宗教葬をした経緯と親戚から思わぬことを告げられた結末が綴られている。

「おれが死んでも、何もしなくていい。仏教は信じてないから戒名も、位牌も墓もいらない。好きな音楽をかけて、花の一本も供えてくれればいい」〔…〕

夫の言葉を胸に刻み、葬儀は自宅がある団地の集会場で、無宗教の「お別れ会」とした。〔…〕

九州に住む夫のおばから電話があり、思ってもみなかったことを告げられた。〔…〕

夫の実家では、お別れ会に出席した義父たちが「これではうかばれない」と憤慨していたこと。お別れ会を終えて九州に帰ると、すぐに仏式で葬式をやり直したこと。（朝日　一九九八・四・一五「遺志を尊重「ひどい嫁。もう縁切った」と亡夫のおば」）

しかし、一方で散骨という、さらなる自由を求める動きも芽生えていた。「葬送の自由をすすめる会」が、相模灘で遺灰をまく「自然葬」を行ったのは一九九一年だった。

一九九〇年代には無宗教で行う結婚式への関心も急増した。バブル崩壊後に安上がりの式が求められたことも背景にあったことが新聞記事からもわかる。

参列者を証人に、生涯を共にすることを誓い合う人前《じんぜん》結婚式はいかが？　都会のホテルが、耳慣れない挙式スタイルを売り込んでいる。新しい人生のスタートは伝統にとらわれずにと、若いカップルが申し込んでいる。割安で、自由な雰囲気がうけているようだ。〔…〕

昨年、結婚式の相談に訪れたカップルにアンケートしたところ、「自分たちが納得できれば人前結婚式をやってみたい」という人が約六割を占めた。（読売　一九九三・四・二一「人前結婚式　神でも仏でもなく参列者に誓う　割安さ自由さも人気」）

この種の式については〝無宗教式結婚式〟ではなく「人前結婚式」という呼称が定着していった。めでたい式に〝無〟の語は合わないということもあろうが、「無宗教」の語が与えうる誤解を避けようとしていた節が、次の記事からうかがえる。

最近、無宗教で行う「自分たち流結婚式」「人前結婚式」がふえ、結婚司会者の団体が必要に迫られまとめた、無宗教結婚式の司会者用マニュアルがある。そこにもある種の宗教観があるので抜粋して紹介したい。

「ただいまお二人は、すばらしい無宗教結婚式を挙げられました。無宗教というと、宗教を排斥しているかのようなイメージを持たれる方もいらっしゃるかと存じますが、決して神仏を否定するものではありません。いや、むしろその逆でありまして、真実の神を恐れ敬うからこそ、このような式を挙げられたわけでございます。」〔…〕「自分たちの都合にあわせて、セレモニーに神仏を利用するのは、自分の都合のいいときにだけ、妻であり、夫であってほしいと願うのと同じことです。でも夫婦は、そうであってはならないと思います」（朝日　一九九五・一一・一四「ふえた無宗教、業界こう対応」）

このような説明をいちいちする代わりに、人前結婚式の呼称が一般化したのだろう。

この章のまとめ

一九八〇年代の日本人無宗教説には、戦後半世紀も経たないうちに日本が世界の頂点に立ったという自負が、〈独自宗教説〉への一般読者からの参画や、同説のデフォルト化やエンタメ化という形で現れた。前年代に続き、「日本人」はひとくくりにされ、分けるとしたら霊の存在を信じる若者や、オウムに入る若者を特別扱いする場合だった。

祖先霊とオカルトの憑依する霊の違い、村落と都会の核家族の冠婚葬祭の違いなどは、紙上では丁寧に区別・分析されることなく、まとめて超歴史的な日本人論としての独自宗教説に吸収されていた。ただし、その超歴史的な独自宗教説自体は時とともに変化した。独自宗教が指すものが、それまでの祖先崇拝、あるいは「神棚も仏壇も」の重層信仰といった民間信仰から、梅原の説を機に、「アニミズム」に——完全に入れ替わったわけではないが——移行していったのである。日本の伝統には自然を守るアニミズムがあるという語りは、エコロジーや日本人の自己肯定感の高まりを反映するだけでなく、社会変化にも合っていた。自然物、さらにはロボットなどの無機物にも魂を認めるというのは個々人の意識次第で可能であり、親族や共同体ぐるみの継続的な実践を必ずしも必要としないからだ。前年代の政教分離訴訟の論点だった、宗教に無関心な日本人にとっては神道儀礼も実質的には無宗教だと言えるかどうかは、この時代は大喪の礼をめぐって行われた。厳密な政教分離を求める側は、〝誰もそれを宗教だとは意識しないから神道式でやってもいいんじゃないか〟というなあなあな解決が神道再国教化を導くと懸念した、またこの時は、自粛する人々の映像が海外でも報道されたため、紙上の議論の幅も広がっていた。

一九九〇年代の日本人無宗教説はオウム事件以降の変化により特徴づけられる。「無宗教」は〝私は宗教に関係ない〟という意味で、周囲に自分が普通の人間であることを個人が伝えるための常套句として活用された。そのような人々に向けて出版された〈独自宗教説〉のベストセラーは、本当の宗教と危険なカルトを見分けたいというニーズに合った。さらに、欧米産の眼鏡を外せばその本当の宗教が日本にすでに存在していることが見えるという論調が、バブル崩壊後の自尊心をいくばくか満たした。

しかし、その後の新聞は日本の伝統宗教への回帰を促すよりも、自称「無宗教」のまま癒しを求める人々や、従来の宗教式の葬儀や結婚式に飽き足らない人々を積極的に描いた。

付け加えれば、この時期、欠落説は消滅したわけではなく、たとえば首都圏の会社員や学生の九割がキセル乗車をしたことがあるという調査結果がニュースになれば、「日本人は無宗教だから罪の意識がないのだ」という意見が取り上げられたりする（朝日　一九九六・四・二一　天声人語「「キセル」乗車と日本人」）。そういった欠落説が反復されるからこそ、反論としての〈独自宗教説〉も勢いづくという構図になっている。

註

（1）石井研士『データブック　現代日本人の宗教　増補改訂版』七七頁。石井は、神棚仏壇の減少は、「神棚や仏壇が祀られなくなった」ということではなく、都市化により「神棚や仏壇のない家が増加する」ということだと指摘している。つまり、すでにある神棚や仏壇を積極的に廃棄しているわけではないということだ。

（2）Levi McLaughlin, "Hard Lessons Learned: Tracking Changes in Media Presentations of Religion and Religious Aid Mobilization after the 1995 and 2011 Disasters in Japan," p.109.

第六章　「無宗教の方が平和」から「無宗教川柳」まで
――二〇〇〇～二〇二〇年

稲村めぐみ

二〇〇〇年代についてはまず、国際的にはアメリカ同時多発テロとそれに続く戦争・テロ事件を通して、「イスラム」がクローズアップされたことが挙げられる。国内では長引く経済低迷の中、市場原理優先の新自由主義政策がとられ、格差が拡大したこと、それと並行して社会の保守化（右傾化とみなすかどうかについては意見が分かれるが）が進んだことが大きな特徴である。そして社会の高齢化や無縁化（孤立）が心配される中、東日本大震災が起きる。

九・一一後の無宗教平和説

二〇〇一年九月一一日のアメリカ同時多発テロは、日本人無宗教説にも大きな影響を与えた。九・一一以前は、日本人の無宗教性を語る際の対照項として参照されるのは主に西洋の

グラウンドゼロと十字架

キリスト教だった。また、冷戦の終結以降、イスラムに対比される無宗教としてソ連・中国を挙げることもなくなっていく。そして、九・一一後、イスラムと比較して日本人の無宗教性を論じる傾向が顕著に生じる。

たとえば「イスラム過激派」についての連載を、「中東のイスラム諸国を旅行すると、入国カードに自分の宗教を書かなければならない国が多い。日本人で「無宗教」と書き空港で足止めをくらった話もあるほど、宗教には敏感な地域である」という導入で始める記事がある（朝日　二〇〇一・九・一八　定森大治「教徒は生涯改宗できず（イスラム過激派四話：その一〇）」）。従来のように、海外旅行一般で無宗教を名乗ることがタブーだというのではなく、イスラム諸国に焦点が絞られている。

さらに、アフガニスタンに報復攻撃を行うアメリカのブッシュ（子）大統領の支持基盤がキリスト教保守勢力だったことなどから、世界情勢はキリスト教世界とイスラム世界の対立としてとらえられるようになった。そして、一神教は排他的で攻撃的であり、それに対して日本の無宗教は安全だ、あるいは無宗教に見えるアニミズムや多神教は寛容で平和だという説が出まわる。この議論は七〇年代から見られたが、九・一一をきっかけとして一気に拡大した。

新聞から典型例を挙げれば、小説家の五木寛之は「無宗教国家」と呼ばれながら多くの社寺への信仰が残る日本は実際には「世界有数の宗教国家」であり、「キリスト教世界とイスラム教世界の関係悪化が一神教の対立に根ざすものだとすれば」「アニミズム（原初的な宗教感覚）とシンクレティズム（諸教）は、これから考えるべき大きなテーマだといえる」と訴えている（読売　二〇〇五・三・九「五木寛之さん「百寺巡礼」を達成「信仰の歴史、いかに知らずに来たか」」）。

大分・羅漢寺で百寺巡礼の旅を達成した五木寛之氏
（戸澤裕司氏撮影、『旅する作家 五木寛之 2001～2006』講談社、2007）

二〇一〇年代に入っても不寛容で排他的な一神教というイメージは続く。毎日新聞記者の次の寄稿からはその裏返しとしての日本人の「懐の広いゆるやか」な宗教性への誇りが読み取れるだろう。記者は「人間の存在の意味は神様がいなきゃ説明できないと思わない？」と、記者が無宗教であることを不思議がるトルコ人のムスリムの友人とともに座禅会に参加したという。ムスリムでありながら寺院の坐禅会に参加する友人も十分「懐の広い」宗教性をもっているように思えるが、寛容性はあくまでも日本人の信仰の特性とされている。

「座禅中、自分の信じる神を思い浮かべていいですか」と尋ねる彼女に、副住職の藤尾聡允《そういん》さんは「あなたの信じる神を思っていいのです。座禅自体は宗教行為ではないですから」と答えた。ならば無宗教の私でも大丈夫ね、と何だか安心し、初の座禅に挑戦してみた。

驚いた。頭の中に音楽があふれ出したから。それも合唱団で練習中のラテン語の宗教曲が。臨済宗の寺で、イスラム教徒の隣で、イエス・キリストをたたえる音楽に心を委ね、座禅を組む無宗教の私って？

無節操なのかおおらかなのか、キリスト教徒でもないのに、ラテン語の宗教曲をこれほど合唱で好んで歌う国は日本くらいではないか。特定の信仰は持たない、という人が仏壇と神棚の両方を大切に守り、巨樹の前で自然と手を合わせたりする。キリスト教徒が多数派の米国では、異なる信仰を尊重する建前もあって宗教色を帯びた行為にはむしろ慎重だった。「メリークリスマス」のあいさつすら「ハッピーホリデーズ」と言い換えたっけ、と思い出す。

外国人向けに英語で座禅会を開く藤尾さんの寺では、信仰の異なる者が並んで座禅を組み、語らうのが日常の光景だ。懐の広いゆるやかな「信仰」の形があってもいいじゃない――と、今度友達に説明してみようかな。（毎日　二〇一二・一〇・三〇「発信箱：私の神サマ＝小国綾子」）

「ハッピーホリデーズ」の言い換え、つまり特定の宗教に肩入れしないように宗教色を抑えることも、宗教的多様性への配慮の一形態だ。しかし、記者がこれに比べて高く評価し、誇りに思っているのは、複数の宗教・文化が同時に存在するシンクレティズム（多重信仰）である。

イスラム擁護者も無宗教説

一方で、新聞が一般のムスリムに対する差別には警鐘を鳴らしたことも確かである。だが、イスラムに対するイメージ悪化を食い止めようとする試みは、しばしばその過程で信仰熱心なムスリムと無宗教の日本人を対比し、両者が異質であることを強調する。異文化理解の呼びかけが、その前提としてムスリムと日本人を正反対の存在としてステレオタイプ化してしまうというパラドクスが見られるのである。

読者投稿欄からいくつか例を挙げよう。テロの前年にフランスで学んだ女性は、ムスリムから日本人の無宗教性に理解を示された体験を投稿している。

私はフランスへ行くまでイスラム教のことは何一つ知らなかった。しかし、クラスは半分がイスラム教徒で占められていた。

去年の断食月、彼らは休憩中も水一滴も飲まず、私がコーヒーを飲むのをためらっていると「あなたは飲んでもいいのよ」と促した。彼らは無宗教の私を批判することはせず、反対に断食の意味の一つは、今も貧困で苦しむ人の気持ちを一時的にでも体感することであると教えてくれた。（朝日　二〇〇一・一一・一五「祈りの人々に空爆はやめて（声）」）

岡山県の高校教師はムスリムと日本人の相互理解を次のように呼びかけている。

テロ事件をきっかけにラマダンや食事、生活環境などを知る機会が増えた。日本に住むイスラム教徒もテレビなどに登場し、日常の暮らしぶりを伝えてくれている。皆宗教に深く帰依し、まじめで陽気な人々に見える。彼らからすればキリスト教徒も仏教徒も理解しがたい慣習を持っているに違いない。まして「無宗教」と言われがちな日本人の行動についてはなおさらだろう。理解するにはまず知ること、知るには知りたいという欲求、好奇心が必要だ。不幸な出来事がきっかけなのは残念だが、互いに宗教や文化への理解が進んでいってほしい。（朝日　二〇〇一・一二・一一「異教徒理解に必要な好奇心」）

高校生からも次のような投書がある。

報道から、テロ犯は一般のイスラム教徒ではなく過激派とわかっているのだから、私たちは、テロリストの身勝手から差別や非難を受けるようになってしまったイスラム教徒の声に、耳を傾けなければなりません。

自分たちの誇りある信仰が間違って認識されていく悲しさは、無宗教と呼ばれる多くの日本人には理解しにくく、興味を持ちにくい問題なのかもしれません。だからこそ、日本のメディアは、テロ事件を報道する時間や手間と比例させてイスラム教徒の訴えもとりあげ、無関心ゆえの誤解を正すのに貢献すべきだと思います。（朝日　二〇〇二・一一・八「イスラムの声、もっと報道を」）

どれも善意に溢れているが、イスラム圏の人々はどの国・地域の人でも「イスラム教徒」

とまとめられ、その対立項は信仰なき「日本人」である。

〈独自宗教説〉に見られる変化

日本人の無宗教とはイスラムのような一神教とは異なる固有の信仰のことだという説は〈独自宗教説〉だが、二〇〇〇年代以降の日本人無宗教説を全体的に眺めると、〈独自宗教説〉が強いだけでなく、伝統回帰の動きが見えてくる。次は大学の連続講義を報道したものだが、「葬式仏教」は無宗教ではなく誇るべき宗教だという説はその例である。葬式仏教への反感は既成仏教に対する批判としてこの前の時代から見られたものだが、講師の法然院貫主・梶田真章は仏教の改革を訴えるのではなく、現状をそのまま擁護している。

批判的に取り上げられることが多い「葬式仏教」だが、「日本の誇るべき宗教。高度経済成長期までは、日本人の宗教心を培うのに大切な役割を果たしてきた」とする。国内に七万を超す寺院があると紹介したうえで、「たくさんの寺院が存続できたのは、葬式と法事をしてきたから。寺の基盤を維持するのに、檀家《だんか》との関係を大切にしてきた」と強調した。民俗学者の知見を引用して、葬式仏教を「先祖教」と定義。自分は無宗教と考えている日本人が多いが、「宗教心がないわけではない。先祖をまつれば、先祖が救って下さるという先祖教を、日本人は大切にしてきた」と言う。（読売　二〇〇五・七・一三　西田大智「立命館大講義「現代社会と宗教」より梶田真章・法然院貫主」）

前章で、一九九〇年代後半の阿満や山折による伝統回帰志向の〈独自宗教説〉にもかかわらず、外来の「癒し」がブームになった（と報道された）と述べた。二〇〇〇年代に入ると一転して、新聞には山折本人の寄稿だけでなく山折の思想に依拠した記事が増えてくる。一口に伝統回帰といってもさまざまな意味があるが、まったく新しいものを創造するよりも、すでにある伝統（と思われているもの）にすなおに感動している方が心地よいというのがこの時代の気分になっていく。「癒し」は二〇〇〇年代には「スピリチュアル」と呼ばれることが増えるが、その言葉を流行らせたスピリチュアル・カウンセラーの江原啓之は和服姿でTVに現れた。癒しの場所として神社に人気が集まっていくところにもそのような意味での伝統回帰が現れている。

〈独自宗教説〉の変化としては、前年代から続くアニミズムへのシフトのさらなる進展についても例を挙げたい。読売新聞は戦後たびたび宗教観調査を行っているが、二〇〇八年の調査報告は次の出だしから始まっている。

「宗教観」をテーマとした読売新聞社の年間連続調査「日本人」からは、日本人の半数は「自分たちの宗教心は薄くない」と考えていることが明らかになった。自然におそれを抱く気持ちもなお強く、日々の暮らしでは「墓参り」「初詣で」などを宗教色を意識せずに受け入れている。「宗教を信じている」という人は3割に満たないものの、日本人特有の宗教観は確かに存在しているようだ。（読売　二〇〇八・五・三〇「年間連続調査「日本人」宗教観宗教心、静かに息づく」）

〈独自宗教説〉だが、注目したいのは「自然におそれを抱く気持ちもなお強く」とあるところだ。これはデータのうち、「自然の中に人間の力を超えた何かを感じることがあるか」という質問に対して五六％が「ある」、三九％が「ない」を選んだことを踏まえている。いかにもこの数値に経年変化はないと言っているように見えるが、実はこの質問は、これ以前の同紙の調査には含まれてすらいなかった。それまでは類似の質問としては「神や仏を信じるか」「神や仏にすがりたいと思ったことはあるか」「超自然現象を信じるか」しかなかったのである。

前章で引用した朝日新聞の一九八一年の調査と比較すると、そこでは信仰対象が「人間や自然を超えた何か大きなものの存在」と表現され、ここでは「自然の中に人間の力を超えた何か」と表現されていることも興味深い。前述のように、前者は超自然的存在を言い換えた表現だが、後者は〝アニミズム〟の語を使っているわけではないものの明らかにアニミズムの世界観に基づいている。

さらには、この調査には識者の評も付いているのだが、そのタイトルは「自然の中、感じる先祖の気配」となっている。先祖の霊は墓の前で想うものではなく、自然の中で感じるものだと論じられているのである。

◆自然の中、感じる先祖の気配

日本人の信仰は多くの神々を信じる多神教だ。日本の豊かな自然は人間をその懐に包みこんで、神や仏といった人間を超えた存在を感じさせる力を持っている。日本人は、唯一の超越的な神を信じる一神教を求める必要はなかった。

多神教が「感ずる宗教」だとすれば、一神教は「信ずる宗教」だと言える。

日本人の宗教や信仰は、先祖崇拝を抜きにして論ずることは出来ない。調査でも先祖を敬う人は9割を超え、自然の中に人間の力を超えた何かを感じる人も6割弱に上る。先祖とは人間の力を超えたものの一つであり、その気配を自然の中で感じることが大切なのだ。(同右)

祖先崇拝をアニミズムに統合したこの評も山折のものだった。「千の風になって」がヒットし、死者が墓にはいないという歌詞に仏教界がやや困惑してから一年半ほど後のことである。

二〇〇〇年代の政教論争

イスラムと対照的であるなら、無宗教の国は政教分離かといえば、日本では明治以来、まさにそこが争点であることは前章までに論じてきた通りである。この時代もその論争は続く。まず二〇〇〇年には、当時の森喜朗首相が神道政治連盟の会合で「日本の国はまさに天皇を中心とする神の国」と挨拶した、いわゆる「神の国」発言が問題化した。野党が「政教分離原則に反する」「国家神道の再来だ」と批判する一方で、自民党側の亀井静香は「民主党は「民の国」と言っているが、人民共和国と言いたいのだろう。民主党、共産党は無神論なのか。我々はそうではない。「神の国」を争点にするなら、無神論か有神論かの戦いになる」と「無神論と有神論の戦い」の構図に持ち込もうとした（朝日　二〇〇〇・五・二八「森首相「神の国」発言争点なら堂々と受けて立つ　自民・亀井氏講演」）。事件が同時多発テロの前であった点に注意したい。

一九七〇年代の政教分離訴訟のときと同じく、このときも日本人は宗教に関心がないから問題をつかみ損ねているという意見があった。たとえば次の引用は政治学者・御厨《みくりや》貴によるもので、多宗教なのに「無宗教」を自認する一般国民の素朴な宗教意識のレベルにおいては「神の国」発言は問題視されないが、これは日本人が宗教的に寛容だからではなく、「宗教的アパシー（無関心）状況」のなせるわざだとしている。

こうした宗教的アパシー状況を前提とするからこそ、宗教アレルギーと宗教ブームとが背なかあわせで両立することにもなるのだ。だから「神の国」発言に即座に国家神道復活の芽を発見し、警鐘を乱打する一方で、孤独に苛《さいな》まれる個人は他者とのつながりを求めて新宗教に身を投じ、宗教ブームをひきおこす。〔…〕かくて世俗化の帰結は、地鎮祭・忠魂碑をめぐる「政教分離」訴訟に現れる。世俗・習俗・儀礼と認定されての合憲判決。勝訴とは言え、宗教は自らの存立基盤を否定されたも同然だ。であれば神社と寺の区別すらつかぬ若い世代の増加と相俟《ま》って、「神の国」はますます遠ざかっていくに相違ない。（読売　二〇〇〇・九・二五「［政治のプリズム］宗教を通して（1）遠ざかる神の国　御厨貴」）

森首相に続いて政権を担ったのが、「年に一度の靖国神社参拝」を公約に掲げて自民党総裁選に勝利した小泉純一郎首相だ。小泉首相の靖国公式参拝をめぐる議論は新聞にも盛んに掲載された。それにさらに日本人無宗教説を絡めたものとして、次の梅原猛の寄稿がある。

一、記紀に示される伝統的神道は、味方よりむしろ味方に滅ぼされた敵を手厚く祀《まつ》るが、靖国神道は自国の犠牲者のみを祀り、敵を祀ろうとしない。これは靖国神道が欧米の国家主義に影響された、伝統を大きく逸脱する新しい神道であることによる。二、首相の靖国参拝は日本と中国や韓国などの東アジア諸国との親善関係を阻害し、ひいては日本の国益に重大な損害を与える。〔…〕第一の点について、現在私は、靖国神道と深く関係している廃仏毀釈《はいぶつきしゃく》を仏ばかりか神殺しでもあると考える。廃仏毀釈は仏を否定し、神をほぼ天皇と天皇の御祖先にかぎったが、ただ一つの神として残った天皇も戦後、「人間宣言」によって神の座を降りられた。この仏殺し、神殺しのツケが今、日本人の無宗教、無道徳となって表れているのである。（朝日　二〇〇四・四・二〇「理性の復讐招く靖国参拝　梅原猛（反時代的密語）」）

文中の「伝統的神道」とは梅原が主張するところの縄文的アニミズムが発展したものだが、

それと靖国が依拠する国家神道は異質であるだけでなく、後者が前者を否定したために日本人は無宗教になったと述べている。梅原は、御厨と同様、政教分離問題を踏み台に、国家神道化を警戒する一方で、日本人に伝統的信仰に根ざす宗教心を持ってほしいと呼びかけている。共産主義やリベラルな立場から国家神道化に対抗する論者が目立った一九七〇年代の政教分離論争と比べると、二人の論者の特徴が際立つ。

裁判にも日本人は「無宗教」の言葉が

二〇〇二年の鳥栖市自治会神社費訴訟は、浄土真宗の門徒である原告が、一律に集められる自治会費の中に地元神社に関する費用が含まれていることは信教の自由に反するとして神社費の支払いを拒み、自治会から除名されたため会員の地位の確認と慰謝料の支払いを求めて提訴したものだが、朝日新聞は以下のように報じている。

> 裁判で、原告側は「神社は神社神道に従った行事を行うなど、宗教性は明らか」と主張。これに対し、被告側は「長い間地域を守る氏神として住民に受け入れられ、無宗教に近い」とし、双方が真っ向からぶつかった。(朝日　二〇〇二・四・二四「信教の自由を尊重　神社費訴訟判決（検証ＲＥＰＯＲＴ）／佐賀」)

この訴訟では被告の自治会側は、日本は「多神教の社会」であり、特定の宗教的行為を行うか否かは個人の「好き嫌いの問題でしかない」としたうえで、神社での例祭や八朔は「農耕社会に根付く伝統的風俗や習慣であり、その宗教色は薄い」と主張した。さらに、地域住民が神社を氏神として受け入れる「宗教宗派を超えた」「素朴で純真な住民感情」が「さらに希薄化し、神社仏閣を利用して行われる行事も形骸化している現状では、もはや、無宗教に近くなっていると言っても差し支えない」と述べた（佐賀地裁平成一四年四月一二日判決判時一七八九号、一一三頁）。

六〇〜七〇年代の政教分離訴訟を代表する津地鎮祭訴訟と比較すると、日本人無宗教説の変化を確認できる。第四章で見たように、津地鎮祭訴訟では、「無宗教」とは、厳密に宗教的要素を排除することであり、「習俗」あるいは日本人の宗教への無関心とは明確に区別されていた。これに対し、鳥栖の場合は神社での行事は習俗であるから宗教性が薄く、地域住民の宗教的関心の薄さが、そのまま「無宗教」という語を用いて表現されるようになった。このような変化には、厳密な無宗教の背景にあったマルクス主義の後退や、日本人無宗教説の一般への浸透が考えられる。

無宗教葬とは「私らしい」葬儀

二〇〇〇～一〇年代に「無宗教」をキーワードとする記事で目立つのは、無宗教の国立追悼施設に関するもののほか、無宗教葬を議論するものである。前章で見たように、一九九〇年代から無宗教のお別れの会や海・山への散骨など新しいスタイルの葬儀への関心は一般の人にも広がっていた。

読売新聞は、二〇〇二年に都内で行われた学術シンポジウムを踏まえて、一連の動きを葬儀の「個性化」としてまとめて、登壇した専門家の意見を次のように紹介している。

「大多数の人たちは、今もふつうのお葬式を出しているが、新しいスタイルの葬祭も次第に一般的になってきている。そのポイントは〝パーソナル化〟ということです」

専門誌「ＳＯＧＩ」編集長で、葬送文化評論家の碑文谷創《ひもんやはじめ》さんは語る。従来のしきたりにこだわらない「私らしさ」へのこだわりが、人々の間に出てきたという指摘だ。例えば九〇年ごろから広がってきた葬送のスタイルに、山や海に遺骨をまく散骨がある。〔…〕

「お別れの会」といった無宗教の葬儀もしばしば行われるようになり、故人の好きだった音楽などを取り入れた音楽葬も珍しいものではなくなった。

「かつて葬儀の担い手は地域の共同体だった。それが高度成長期には葬儀屋となり、今では個人になりつつある。葬儀の仕方は故人の遺志を尊重したい、という方向に向かうのは自然なことでしょう」（読売　二〇〇二・九・一八　時田英之「［宗教を考える］個性化する葬儀　離別の「型」揺らぐ　背景に遺志尊重や寺不信」）

その上で、記者は、

しかし、疑問も浮かぶ。亡くなった人は子孫によってまつられ、年を重ねるごとに祖霊の世界に溶け込んでいく……伝統的な葬祭のスタイルはそんな民俗的な死生観と結びつき、人々に安心を与えてくれていた。葬祭が伝統から切り離されたとき、そんな安心感は失われるのではないか――。（同右）

とも問いかけ、碑文谷が、葬儀の個性化といっても、火葬場に直行する「直葬」は行き過ぎだと言うのを受けて、伝統的な葬儀にも意味はあるのではないかと述べている。

死者と離別していくプロセスを通じて、人はいのちの意味を問い直す。確立された「型」にはそれなりの意味があるという立場だ。「死を受け止める〝文化装置としての葬祭〟というものは必要なのです」（同右）

同様の理由により、仏教界以外からも「葬式仏教」擁護論が出されるようになる。たとえば、文化人類学者・波平《なみひら》恵美子は読売新聞のインタヴューに次のように答えている。

「日本人は死者があたかもそこにいるかのように信じ、彼らを意識することによって自らの生き方を確認してきた。これこそが日本の宗教の核心」だと言う。

ただ死者が存続するという時、生者は死んだら直ちに死者となるのではなく、儀礼を経ることによって徐々に死者となっていく。死者としてのアイデンティティーが与えられる儀礼が必要なのだ。〔…〕

ところが現代は、都市化や核家族化が進み、葬儀業者任せにすることで死者儀礼は弱まってきている。そうなれば、身近な死者の存続という感覚が薄れ、自分の生き方を問う対象が失われるため、「生者の生きる力までもが失われていく」と波平さんは考える。

この点に関連して、「実はきわめて重要なのが葬式仏教。儀式は一度失われたら取り戻せないだけに、僧侶はもっと誇りを持つべきです」と波平さんは強調する。（読売　二〇〇四・九・一一　植田滋「［宗教はいま］「死と儀礼」　身近な「死者の存続」に必要」）

「死生観」の〈欠落説〉

〈独自宗教説〉の強いこの時代にも〈欠落説〉は存在し続けるのだが、二〇〇〇年代の特徴は、無宗教の日本人に欠けているものとして「死生観」が挙がるところである。死生観への関心は一九八〇年代から徐々に高まるが、他国に先駆けて超高齢社会に突入した二〇〇〇年代には、「無宗教では、自分の死や自分の大切な人の死に向きあうことができない」という主張が紙上にも広がっていく。この欠落説と、波平に見られるような伝統的葬儀の擁護論はかなり近い文脈にある。

たとえば、クリスチャンで死生学を専門とする東洋英和女学院大の平山正実は、朝日新聞のインタヴューを受けて、死の個人化が「新たな苦悩を生んでいる」と指摘している。

精神科医でもある平山教授も10年来、末期患者の心の痛みをくみとってきた。「死にたくない」と周囲はばからず取り乱す人、最期まで煩悶《はんもん》を抱えて逝った人には、共通性があったという。

「自ら告知を受けホスピス〔末期患者の身体・精神的苦痛を緩和するための施設〕を選んでくるような自立心をもち、まさに人生を選び取ってきた人」

死に方は選べても、死そのものは誰にも選べない。納得の死を求めた果てが更なる苦悩をもたらす。「このケアの問題に、無宗教とうそぶいてきた日本人は直面する」

どうすればいいのか。平山教授が示唆する。

「親しい人の死を間近で体験してこなかった人は自らの死に際に弱い。日本は戦後、死を病院に閉じこめてきた。そのことが、死生観を養う機会を日本人から奪った」（朝日二〇〇三・一一・二九　石川智也「死を取り戻す：上　進む「個人化」（こんな私たち白書3：6）」）

一方で、日本人は特定の宗教には基づかない特有の死生観を持つとする説もある。二〇〇八年の読売新聞の関連記事は、「天国の存在を信じるキリスト教文化が根付く欧米などに比べ、現代の日本人は多くが無宗教とされるが、「別の世界（あの世）」に行くといった意識は根深い」と述べ、「千の風になって」も参照しながら次のように続けている。

「死後の世界を確信しているわけではないが、死者はそこに行くという語り方はする。そのように語り合って、気持ちに収まりをつけているようだ」と、東大大学院人文社会系研究科の清水哲郎教授（死生学）は分析する。

一方で、死が近づくと、あの世に行っても、この世と全く無関係にはなりたくないといった葛藤《かっとう》にも患者は悩まされる。「千の風の、死後も生者を見守っているという要素は原詩にはなく、日本語詞が付け加えたもの。死者と生者のつながりを歌い上げた点が、現代の日本人に受け入れられたのだろう」と清水教授は話す。（読売 二〇〇八・二・二三 阿部文彦「［いのちに寄り添って］（五）「風に、なりますねん」（連載）」）

この記事はまた、末期患者の「お迎え」体験を、現代日本人の漠然とした死生観の例として挙げている。

東北大文学研究科のグループは、岡部医院（宮城県名取市）との共同研究で、在宅で亡くなった患者の家族を対象に、「ご先祖などが枕元に現れるお迎え」を、患者が体験したかを調べた。その結果、「父や母がお迎えにきた」と、死ぬ前に話した患者が4割を占めた。「お迎えを非科学的と決めつけずに、肯定的に受け入れることで、患者の苦

痛が軽減されるようだ」と、同医院の岡部健《たけし》院長は話す。（同右）

昭和期の宗教意識調査では、死者の魂・霊の存在を信じるかという質問は、回答者は科学的な世界観をもっているのか、それとも宗教・オカルト的な世界観をもっているのかを調べるためのものだった。この調査は、末期患者の精神的苦痛を緩和する臨床的効果を調べるために、霊の「お迎え」現象に注目している。

「夫と同じ墓には入りたくない！」も無宗教化が追い風

このように議論は活発化したが、無宗教葬は二〇一〇年代になるとさらに社会に浸透する。二〇一二年に読売新聞が行った冠婚葬祭に関する世論調査によれば、通夜や告別式を行わずに火葬だけをする「直葬」を「とくに問題はない」と答えた人は七二％。「散骨」など新たな埋葬の方法についても、「とくに問題はない」が八二％。自分の葬式を無宗教で行ってほしいとした人は四八％で、「そうは思わない」五〇％と二分された（読売　二〇一二・四・七「戒名「必要ない」56％　本社世論調査　冠婚葬祭「簡素に」9割」）。

紙上には、実際に無宗教葬に参列した、あるいは具体的な準備をしているという読者投稿が増えてくる。たとえば、六〇代の元会社員男性からの投稿で、勤めていた会社の経営者の葬儀に参列し、「近年、葬儀のやり方について新聞などで論じられています。しかし、いざ自分の問題になると、世間の慣習にとらわれ、従来の形式にこだわった式になりがちです。経営者から最後に最高の贈り物をいただいた思いがしました」という声がある（朝日　二〇一三・四・八「（声）無宗教の葬儀に感じた心遣い」）。新聞読者層の高齢化もあり、近年になればなるほど読者投稿欄は、高齢者が自分の希望の葬儀について語り合う一種の掲示板としても機能している。

さらに、葬儀の形式はどのような墓を望むかにも関係し、そこにはジェンダーの問題も現れている。葬儀や墓に対する意識についての第一生命経済研究所の調査は、各紙ともにしばしば引用している。小谷みどりによる二〇〇六年の調査によれば、「どのような形式でお葬式をして欲しいか」という質問に対し、男女とも一位は「形式にはこだわらない」だったが、「宗教色のある形式」での葬儀を希望すると答えたのは、男性の二三・六％だったのに対して、女性では一〇・六％にとどまった。無宗教葬を希望する女性は二三・九％、男性は一六・九％だった(1)。

この男女差は、散骨や血縁を超えた合葬墓を容認・希望するかどうかにも見られる。散骨については、「散骨を自由に認めてもよい」「撒く場所などを制限すれば、認めてもよい」を合わせた回答は、女性八二・六％、男性七七・五％。合葬墓については、「自分も利用したいと思う」は、女性一四・五％、男性八・五％だった。

これは裏返せば、夫の実家の墓には入りたくない、死んだ後までイエに束縛されたくないということである。そこを直接聞いた調査に、週刊朝日が二〇一三年に行ったアンケートがある。「どんな墓に入りたいか？」という設問に対して、男性の回答一位は「自分の実家の墓」で四七％だったのに対し、女性の一位は「墓には入りたくない（樹木葬や散骨など）」二七・六％だった。「配偶者の実家の墓」に入りたいと回答した女性は一八・四％であった。また、「誰と同じ墓で眠りたいか？」という設問（複数回答）では、男女ともに一位は「配偶者」だったが、二位は男性が「自分の先祖・親戚」（四〇・五％）に対し、女性は「子ども」（三四％）と、明らかな違いが見られた（週刊朝日　二〇一三・一二・六　青山梨華「どうなる？先祖代々の墓　夫「当然」妻「いらない」　既婚男女一〇〇〇人アンケート」）。

記事では、このような潮流の背景をルポライター・高橋繁行が分析している。

女性が、先祖代々の墓に入ることをうっとうしがったり、家族のしがらみから抜け出したいと思ったりするのは、今に始まったことではない。ただ、これまでの埋葬法とは違う「樹木葬」「散骨」「手元供養」といった新しい供養の仕方の登場が追い風となり、自分の意見を言いやすくなったのではないでしょうか。（同右）

葬儀の無宗教化が夫側のイエからの女性の解放を後押ししているということだ。

従来の研究や調査では、宗教的信仰をもつ人は女性に多いと言われてきた[2]。その見方は、女性の方が理性的ではないというステレオタイプにつながりうるし、何をもってして宗教的信仰とするのかにも依存し、また調査方法にも拠るので、それほど自明なことではない。ただし、葬儀に関しては女性の方が無宗教のものを望んでいるのは、内面的信仰の喪失というより、家父長制的なイエ制度への反発が大きな理由の一つとしてあるということは確かなこととして言えそうだ。この場合の〝宗教〟とは、仏教式の葬儀と家墓を指す。樹木葬や散骨に宗教的要素が何もないとは言いきれない。「人間は自然に還るものだ」という死生観は広義の宗教性に関わりうる面もあるからだ。

夫の実家の墓に入りたくないことと、夫と一緒の墓に入りたくないことは必ずしも同じではないが、イエ問題が後者の気持ちにも波及することも、読者投稿から読み取れる。毎日新聞では、「死んだら誰と一緒にお墓に入りたい?」という質問に回答とコメントを募った。「自分の親」を選んだ女性は「主人とケンカしたから。なんで嫁は知らない先祖と一緒の墓に入るの?　皆、疑問じゃないのかな?」。「その他」を選んだ女性は、私、お墓いりませーん！…一番嫌なのは配偶者の親！　死んでまで勘弁してよって感じ！（毎日　二〇〇二・四・一七「［メールde本音］死んだら誰とお墓に入りたい」）

と、かなり辛辣だ。

東日本大震災で〝弔う仏教〟の復権？

このように仏教式の葬儀が魅力を失う中、二〇一一年に東日本大震災が発生した。その後から、新聞は被災地で犠牲者を弔う僧侶の姿を大きく報道し始めた。

たとえば四月五日の朝日新聞の朝刊は、一面に、「がれきが残る岩手県山田町で4日、雪が舞うなか、祈りを捧げる僧侶の姿があった」というキャプションとともに、大きく印象的な写真を掲載し、次のように報道している。

> 盛岡市にある石雲禅寺の副住職小原宗鑑さん(28)。2日に岩手県宮古市を出発し、野営しながら宮城県石巻市を目指している。素足にゴム草履。お経を唱えながら、倒壊した家屋の前では深々と一礼し、犠牲者の鎮魂と街の復興を祈った。「がれきの残る所には人の思いが詰まっている。被災者や復興に関わる人たち、そして畏怖《いふ》の念を込めて

4月の雪の中、岩手県山田町の被災地で祈りを捧げる小原宗鑑氏（共同通信）

海にも合掌したい」（朝日　二〇一一・四・五　平井恵美「僧侶、4月の雪に祈る　岩手・山田町　東日本大震災」）

読売新聞の「鎮魂の読経　六〇〇キロ行脚　仙台の僧侶　千葉から宮古へ」という記事も、読経する僧侶の大きな写真が入ったインパクトのあるものだ。

22日午前10時半、同県陸前高田市。約7万本の松がなぎ倒された高田松原近くの浜辺で、三浦錬浄《れんじょう》さん（43）は、打ち上げられたがれきの木材を拾い上げた。ペンで「南無妙法蓮華経」という題目を書き上げ、うちわ太鼓をたたきながら10分ほどお経を読み上げた。「この辺りでもたくさんの遺体が見つかったと聞く。ご冥福を祈りたい」

20歳の時に出家し、7年前から仙台駅前で托鉢《たくはつ》している。震災では、地震で自宅の一部も損壊したが、多数の死者・不明者が出たことをテレビで知り、すぐさま隣町にある遺体安置所へ向かい、読経を始めた。

5月の大型連休には、宮城県七ヶ浜町の避難所で、被災者の悩みを聞くボランティアに加わった。ただ、初めて会う僧侶に深い悩みを打ち明ける被災者はいなかった。自分がやるべきことは何かと自問した。その結果、惨状をつぶさに見聞きし、犠牲者の魂を見送ることだと考えた。（読売　二〇一一・七・二五　山田正敏「鎮魂の読経　600キロ行脚　仙台の僧侶　千葉から宮古へ」）

さらに、政教分離の原則を理由に、地域によっては行政側が僧侶による読経ボランティアを拒否することがあり、これが杓子定規すぎると問題にされた。週刊誌からの引用になるが、記事は仏教界に同情的だ。

仙台市で「ひかりと祈りの集い」を取り仕切った東京・本所仏教会会長の斎藤堯圓《ぎようえん》さん（春慶寺住職）は3月23日、宗務所の指示で遺体安置所を訪れた際の様子を振り返る。

安置所は、宮城県の施設である総合運動公園の一角。中に入って読経していると、安置所を警備する県関係者が飛んできて、外へ引っぱり出された。聞けば「政教分離」で入場自体が御法度だという。

東京都慰霊堂で東京大空襲と関東大震災の法要回向を仏式でしている地元仏教会の会長としては驚いたようだ。法要には皇族も毎回参列し、首長もやってくる。

「羹《あつもの》に懲りて膾《なます》を吹くというか。布教しているわけでもないでしょう。行政はもっと柔軟に判断すべきです」（アエラ　二〇一一・五・二三　藤生明「被災地が鍛える「仏教」の道「信仰」は力となりうるか　東日本大震災」）

では震災を機に、人々は僧侶による仏教式の葬儀や供養を見直したのだろうか。注意が必要なのは、これらは無償の〝ボランティア〟だというところである。僧侶はお布施や戒名料を取りすぎなのか、言い換えればあるべき仏教の姿とは何かという規範的な議論は本書では行わない。ただし、無償だからこれらの僧侶の行為は素晴らしいと思う読者には、一つ、他の見方を紹介したい。

イギリスの宗教社会学者、グレイス・デイビーは、「無宗教」化しつつある最近のイギリス人の宗教への関わりを、「代行《ヴァイケアリアス》の宗教」という言葉で表している(3)。これは、自らは教会にまったく行かない多数派も、教会はなくなってもよいと思っているわけではなく、牧師や神父がきちんと礼拝し、しっかりと務めを果たしてくれているとなんだか落ち着く、という心理を指している。つまり多数派の「精神的重荷」を、少人数の牧師や神父が代わりに背負ってくれているので、これを「代行」と呼んだのである。代行する相手は誰でもよいわけではなく、社会的に認められた聖職者でなければ委ねられない。この代行任務があるため、「無宗教」化が進んでも教会は存続できているのだという。右に挙げた、被災地で読経する僧侶と、その記事を読んで感動する自称無宗教の読者の関係にもこれに重なる部分があるかもしれない。

芸術と無宗教説

最後は日本人無宗教説に関わる芸術や文芸の話題で締めくくりたい。日本人が無宗教なのは、宗教を芸術で置き換えてしまい、哲学的な問題を突き詰めずにフワッと受け流すからだという議論がある。なかでも、日本人は仏教の無常観の思想を芸術表現を通して美的・情緒的なものとして受け入れたという説は、二〇世紀によく聞かれたものだった。和歌に描かれる春夏秋冬や花鳥風月に「もののあはれ」を感じるのが日本人らしいというものである。これまでに本書がとりあげた記事では、一九五四（昭和二九）年の「日本人の宗教」座談会で宗教学者・戸田義雄がその説を展開していた。

日本は〔…〕宗教的関心が薄いといおうか、宗教心がないんですね。ホイットマンというアメリカの国民詩人がいますね。あの人は非常に東洋的、とくに日本的だったと思う。そして彼にはいわゆる宗教心というものが欠けていた。汎神論的だった。日本人の宗教に対する心理にもこのホイットマン的詩人的な要素が支配的なんじゃないか。詩人というものはあらゆるものに神を認める、いわゆる汎神論的性向をもっている。そして詩という芸術的表現がそのまま宗教的解脱に直結しているんですね。日本人というものも、結局は俳句的、和歌的世界の人間だと思うんです。日本が灰色宗教圏を脱して真の宗教性をかちとるには、芸術的表現イコール解脱の公式をホゴにしなければならない。

（読売　一九五四・一二・一五「日本人の宗教心を切る」）

調べた限りでは、二〇〇〇年代以降の紙上ではこの類の説は見かけなくなっている。代わりに芸術と無宗教が関係づけられている記事として、次のようなものがあった。

「没後三〇年　志賀直哉展」に寄せて、作家の阿川弘之が、師匠の志賀直哉を「宗教的無神論者」と評した。阿川によれば、志賀は若い時に内村鑑三のもとに熱心に通ったことがあったが、霊魂が残るという信仰は受け入れられないという合理的理由によりキリスト教から離れ、無神論者を自称した。しかし、それでもある種の宗教感覚は持っていたという。

先生も青年期、壮年期にはいろんな悩みがあった。無神論者がどう切り抜けたかというと、一つは自然に親しむこと。植物、動物など自然の生き物も人間の仲間だと見て、動物と親しむことで自分の心に平穏を得るようにした。

もう一つは東洋の古美術に親しみ、心の平安を得るようになった。東洋の古美術の背後には仏教がある。禅宗の教えに心の深いところで影響を受けていると思います。民族の古層にある太陽崇拝とか原始宗教みたいな感情もあったかもしれません。しかし、迷信に類することは徹底的に拒否された。

自然と合一するというか、大自然と一つになるというような感情がはっきり出ているのは、「暗夜行路」の大山《だいせん》の場面です。時任謙作が、けし粒ほどの小さな自分が大自然の中にとけ込んでいくような不思議な陶酔感を味わい、もし死ぬならこのまま死んでもかまわない、いま自分は一歩永遠に通じる道に踏み出したと考えるところです。

このような宗教観は、芸術観や人生観にも反映されていた。名前は忘れられても、作品が何百年も残って、読む者の心を打てば満足だと考えられた。「名前を残す必要なし」が遺言で、葬儀も無宗教、通夜も一周忌もなし。（朝日　二〇〇一・一一・五「志賀直哉は「宗教的無神論者」弟子の作家・阿川弘之氏語る」）

もう一つ、作家の島田雅彦が年末のベートーヴェンの第九交響曲を評した以下の記事にも、無宗教への言及があった。

以前、イタリアからの客演指揮者が日本の名手を集めたヴィルトーゾ・オーケストラで第九を振ったが、彼は儀式化した演奏に飽き足らず、第一楽章をすさまじいテンポで走り抜け、全体的にストラヴィンスキーを聞いているようだと思わせるサウンドを引き出した。私はその演奏が気に入ったが、思った以上に不評を買っていた。日本の聴衆が第九に求めているのはそうしたこけおどしではなく、癒《い》やしと励ましだったのである。第九のコンサートは苦難の1年を振り返り、次の年も腐らずに頑張ってみようという元気を取り戻す儀式であり、無宗教者のためのミサなのである。（朝日　二〇〇二・一二・二九「第九　交響曲と酒で祝う厄年明け　島田雅彦（快楽急行）」）

阿川の志賀直哉論の方は、自然を愛でたり、美術を通して仏教を受容したりという点で、日本では宗教が情緒的芸術で置き換えられているという従来の説と同じようなものに見えるかもしれない。だが、ポイントは「宗教」という言葉で何が想定されているかである。戸田の方では、それは本来の「解脱」であり、またそれは汎神論とは反対のものだ。阿川の方では、それは「心の平穏・平安」であり、またそれは大自然と自分が一つのものだという汎神論的世界観に重ね合わされている。島田のエッセイでも、「ミサ」は次の年もがんばるための「癒しと励まし」を与えるものである。つまり、宗教が芸術に置き換えられて変化するかどうかということ以前に、宗教自体が、現世を否定したり、世俗を超越したりするものではなく、現世の中で癒しを与えるものになっている。この半世紀の間の、日本社会の保守化と言われる変化はこのようなところにも現れているのかもしれない。

おかしくもわびしい無宗教川柳

新聞には一般読者からの短歌や俳句の投稿コーナーが常設されている。なかでも、無宗教〝あるあるネタ〟が「無宗教」「無神論」の語とともに現れているのは川柳の欄である。

本堂のツリーまばゆい保育園（短評「無宗教」）（朝日　二〇〇五・一二・一三）
無宗教ならばこの世は平和かも（毎日　二〇〇六・一・一七）
無神論なんと侘しい声ですね（朝日　二〇〇六・九・二〇）

病気して少し揺れてる無神論（毎日　二〇〇八・一二・二）
無宗教宝くじには手を合わせ（毎日　二〇一〇・三・八）
経の中　無神論者の棺が行く（毎日　二〇一〇・三・二九）
海外で無宗教とは言えなくて（毎日　二〇一二・四・一三）
孫病んで無神論者が手を合わせ（毎日　二〇一二・六・一六）
祖は祭るけれど宗教心はない（毎日　二〇一二・一一・一九）
無神論されど他人を傷つけぬ（読売　二〇一三・二・九）
宗教と思っていない初詣（毎日　二〇一八・一・二）

ペンネームを見る限り、投稿者はすべて違う人物だが一定の傾向がある。日本人が外国と比べて無宗教であること、しかし宗教的な慰霊や年中行事には参加すること、困ったときには神頼みをすることを自嘲気味におもしろおかしく描き、読者の共感を誘っている。これらの無宗教川柳からは、本書で見てきた日本人無宗教説の諸相が一般に浸透していること、それも五七五の中で意味や情感を喚起できるほどのパワーワードになっていることが窺われる。このような投稿欄が主に高齢者のコミュニケーション・ツールになっているという限定があるかもしれないが。

この章のまとめ

戦後五〇年少々で、無宗教説は〝日本人は無宗教だから残虐だ〟から〝日本人は無宗教だから平和だ〟に反転した。前者は〝隣人愛のキリスト教〟の反対、後者は〝攻撃的なイスラム〟の反対という、それぞれ一面的な宗教観に基づいていた。「自衛隊が軍隊でないというのは不自然だ」というのは二〇〇一年に首相に就任した頃の小泉首相の言葉だが、靖国公式参拝も相まって日本の再軍備化が警戒されたこの時期に、〝無宗教だから平和〟説もまた広がったという奇妙な事態が発生したのである。

この時代の〈独自宗教説〉は、日本の宗教伝統とみなされた「アニミズム」を軸に発展した。新聞を改めて「アニミズム」というキーワードで検索すると、この語が「日本人の宗教」と結びつけて語られることが増えるのは一九九〇年代から、すなわち梅原説の普及以降である。それまでもこの語は新聞でも使われていたが、主として世界各地の原始信仰を指していた。仏教や神道をアニミズムと形容しても、日本人論ではなかったり、自然環境問題とは無関係だったりした。

たとえば一九七一年に美術史家・高階秀爾《たかしなしゅうじ》は、針供養をとりあげ、針にも心があるとするのは「汎神論的なアニミズム信仰の現われであると言えるだろうが」と指摘している。しかし、記事の主題は針供養が「いらなくなったものを巧みに始末する日本人の清潔好きの証拠」と論じること、すなわちきれい好き日本人論であり、環境保全を意識した〝もったいない〟運動ではない（読売　一九七一・三・一四　高階秀爾「神道に発し、今も〝清らか〟への美意識」傍点筆者）。それに対して、日本人の宗教観を、神々が自然に内在する自然共生思想とする理解がいかに自明のものになったかは、新聞の宗教意識調査の文言の変化に象徴的に現れていた。

また、アニミズムという独自宗教説は、首相の靖国公式参拝を、近代にできあがった国家神道という、欧米を模倣することで変質した神道の現われとし、それとアニミズムとしての原始神道を対置する見方を伴うことがあった。このロジックは、「無宗教」改め「アニミズム」を平和、首相の靖国参拝を危険とすることで、軍備増強の抑制を狙ったが、同時に日本人に伝統宗教への回帰を促すものだった。この時代の政治と宗教をめぐる論争の特徴の一端を表している。

そのような伝統回帰の動きが鮮明になる中で、新しさを積極的に追求したのは、自分らしい葬儀としての無宗教葬だった。この動きは女性を家族のしがらみから解放する面ももっていたが、無宗教葬には仏教界のみならず識者の中にも懸念する声があがった。個人化が無縁社会を呼ぶということだけでなく、自分や他人の死を穏やかに受け入れるには、何らかの文化的・制度的な土台が必要だという考えからだった。超高齢化のこの時代、無宗教の人に欠けているものは「死生観」とされた。

拝金主義と批判され風当たりが強かった「葬式仏教」は、東日本大震災の後、新聞でも再評価されたように見えたが、無償の奉仕であればという限定付きだったのかもしれない。そのようなせちがらい時代にも、孫のためなら、という人たちが新聞というオールドメディアを共感の場として活用していた。「孫十八　車の免許取ると聞き　無神論者がお守りを買う」（朝日　二〇一二・一・三一）。

註

（1）小谷みどり「葬送に対する意識」一八～一九頁。

（2）たとえば読売新聞による一九七九年以降の連続調査では、「信仰あり」という回答は、二〇〇〇・二〇〇一年で男性が若干上回るのを除き、女性の方に多い。石井研士『データブック　現代日本人の宗教　増補改訂版』一九頁。

（3）Grace Davie, "From Believing without Belonging to Vicarious Religion," pp.168-72.

おわりに

藤原聖子

日本近現代宗教史としての日本人無宗教説の系譜

日本人無宗教説の歴史は思いのほか長かった。新聞紙上で、どの時代にも誰かが「日本人は無宗教だから、重要な□□が欠けている」と論じていた。時代が変わるとその「□□」がコロリと変わるという無宗教説の系譜からは、人は、世間に大いに反省を促したいことがあると、その時その時の論理を使って「無宗教」をその一因としてきたのだということがわかった。そのような欠落説は、「無宗教で何が悪い」という開き直りの充足説をも早くから誘発した。それに対して「日本人は実は無宗教ではなく、独自の宗教をもち、それには良いところもある」という独自宗教説は、戦前にも欠落説や充足説への反論として存在したが、特に日本人論・日本文化論が流行する一九七〇年代以降に急速に増加していった。

推移をまとめてみると、明治期、特に初期においては、日本人が無宗教かどうかは日本人が西洋に比べてどのくらい**文明化**・進歩しているかの指標だった。キリスト教のような宗教がなくては日本は野蛮だと軽蔑されるという欠落説と、宗教などない方が近代化がスムーズであり、無宗教の日本は有利だという充足説が対立していた。日本人の中でも上流階級は学があるから無宗教、下流階級は迷信的という振り分けも行われた。明治後期には、帝国主義的意識の成長とともに、「実は大和魂という宗教がある」という独自宗教説も現れた。

大正期から昭和初期にかけては、日本人が無宗教かどうかは第一次世界大戦や関東大震災などを背景に**国力**・国家統合の指標になった。他国と軍事的に対決する上で宗教はある方がよいのかどうかが議論された。宗教は道徳心の源泉だから、それを欠くと、国家のために献身するまじめな青年が育たず、社会の荒廃を招くという欠落説が広がった。世界恐慌期には経済的理由から下流階級ほど宗教にすがるという説も見られた。そのような貧困層を宗教による搾取から解放しようとする、宗教否定の反宗教運動も起きた。

戦後の日本人無宗教説は、宗教は戦争に利するかではなく平和に資するかという議論から始まった。「日本人は無宗教だから戦中は残虐行為に走り、戦後も罪悪感なく犯罪を行う」説では、日本人が無宗教かどうかは**人間性**の指標になっていた。その次には、無宗教かどうかは、戦後に理想として求められた自律的個人の指標になった。自律的個人の形成には、伝統的なイエの宗教を受動的に引き継ぐのではなく、選択的に信仰をもつべきだという考えである。

一九六〇年代から七〇年代には、**高度経済成長**を反映し、交通事故から公害、流行の〇〇族までもが無宗教に結びつけられる欠落説が現れた。一方で、多重信仰や祖先崇拝や「日本教」が階級に関係なく日本人全員に共有されているとする独自宗教説が徐々に広がっていった。イエ・ムラの宗教は、信仰やドグマではなく祭儀や人間関係を中心とする日本固有の宗教であるという主張である。

「日本人は実は無宗教ではなかった」というこの説は、新聞紙上では最初はもっぱら識者から出ていたが、バブルが膨らむ一九八〇年代にはデフォルト化し、一般読者の投稿にも見られるようになった。一九九〇年代以降はそのような独自宗教説は梅原猛的アニミズム説に次第に収斂していった。同時期以降のもう一つの特徴は，個人が自分自身を無宗教であると示すことがしばしば重要になったことである。その引き金はオウム真理教事件であり、「私は無宗教だ」は「**私は普通**の人間だ」指標になった。

二〇〇〇年代には九・一一事件を機に、「日本人は無宗教だから**平和だ**」という、敗戦直後とは正反対の無宗教説が拡大した。その無宗教の言い換えでもあるアニミズム説、日本には自然と共生する宗教の伝統があるのだという説もポピュラーなものになる。独自宗教説が強いこの時期の欠落説は、超高齢化を反映し、**死生観**が無宗教の人に欠けているものになった。

記事の数としては、「無宗教」の語は、外国人と接触してアイデンティティを意識した場面よりも、冠婚葬祭の場面に紐づけられるものの方が多かった。その場合の「無宗教」は、「冠婚葬祭は**自分式で**」の指標だった。特に葬式については、無宗教式はマルクス主義の信念を表現するものから、イエの縛りから自由なものへと変化し、希望する人数も増加した。

記事に登場する様々な思想伝統のなかで、各時期を通じて「無宗教」との関係性が最も取り沙汰されたのは神社や神道だった。キリスト教中心の「宗教」理解はたびたび神道や日本人を「無宗教」と規定することになり、こうした対比を前提に、明治政府は神社と宗教を別々に取り扱った。他方、敗戦後には神社も他宗教と同じく宗教法人に含められたため、政教分離規定のもとで国や自治体が神式の儀礼を行う際には、「日本人は宗教に無関心なので、宗教に関わる神式の儀礼を行ったとしてもそれが宗教としての「効果」までは持ちえない場合がある」というロジックが用いられるようになった。

そのロジックが登場した一九七〇年代において、日本文化論としては日本人が「寛容」で「無宗教」だという充足説も見られたのに対し、政教関係をめぐる文脈では、宗教に無関心で多重信仰の日本人を「無宗教」という言葉で呼ぶことは明らかに避けられていた。マルクス主義などに基づく「無神論」の信条としての「無宗教」者の存在が、「無宗教」の自由を守ろうとする立場からも「無宗教」思潮の主流化を警戒する立場からも強く意識されていたためである。二〇〇〇年代にも「神の国」発言について自民党内から「無神論と有神論の戦い」という構図が主張されたように「無神論」への警戒は根強かったが、他方、公的領域での神社祭祀を擁護する側が住民における宗教意識の希薄化を「無宗教」に近いものと表現する事例も出てきた。「無宗教」の国としてのソ連が崩壊し、オウム真理教事件や九・一一の後押しで日本人「無宗教」説が人口に膾炙したことが、このような事例を可能にしたのではないだろうか。

日本人無宗教説のからくり

コロコロ変わるといっても、日本人無宗教説はまったくランダムに変化してきたわけでもないことが通覧することによってわかってきた。欠落説を唱えた人たちの多くは、日本人には一貫した指針・判断根拠のようなものがないということを問題にしていた。それを理念とかポリシーと呼んでしまうと欧米的過ぎるためか、「シンバリ棒」「背骨」などの言葉が使われたが、いずれにせよそれを与えるのが宗教だという説だった。そのような揺らぎのない態度で対処することが必要とされる課題は時代状況によって変わったため、欠落しているものが文明、国力、人間性……と変化したのである。本稿執筆時の二〇二二年九月現在であれば、政治的理念よりも集票が目的化し、社会的に問題が極めて大きい旧統一教会に協力した政治家たちは、宗教に無知なだけでなく人として信頼できないという主張に該当するだろう。

では、その欠落物を与えるのはなぜ宗教だとされたのか。人によっては宗教ではなく哲学や理念など他のものが背骨を作ると説くこともあったのだが、宗教という概念の特徴は、近代という時代においてプラスにもマイナスにも働くというところにある。近代文明、科学、合理性は宗教の反対であるとする見方、いやむしろ宗教を土台としているという見方は両方とも一九世紀の西洋社会に存在した。その図式はそれぞれの言葉・概念とともに日本でも受容された。そこで、欧米人にまず「日本人には宗教がない、だからダメだ」と言われると、それがコンプレックスになったのだが、それをはね返すのにも「宗教は科学・文明化の障害だ」という欧米内にある理屈を使い、「日本人は無宗教だからむしろ良いのだ」と強がること（充足説）もできた。

また、この点に関連して、宗教の有無は階級にもジェンダーにも容易に結びつけられたところも哲学や理念などとの違いである。宗教的信仰を持つ名士が尊敬されるかと思えば、それと同じ時代に宗教は無学な者、〝女子ども〟のものともされた。階級差への意識は昭和期に入ると薄まっていったが、無宗教コンプレックスは衰えることなく、欠落説が反復された。

欠落説が強まると対抗して出てくるのが、いや、日本人を支えているものは見えにくいけれども存在するという説である。その「支え」にはいくつかの種類があった。まず、〝昔の人の知恵〟や慣習のような「伝統」という言葉に集約される共同体の社会規範の類だとする説。「大和魂」や「武士道」という、目に見えないがゆえに日本人には誰にでもあると言いやすい民族性の精神論を出す説。さらに、揺るがない一本の芯ではなく、変化する状況に柔軟に対応したり、多様な要素を受け入れたりする能力こそ日本の存続を支えてきたのだとする説があった。これらを、キリスト教のような宗教とは違うが、宗教の一種と呼んでもよいのではないかという人たちが独自宗教説を作り出した。サステナビリティの時代の要請とともに前景化したアニミズム・独自宗教説は、これら三種の説を併せ持っていた。すなわち、アニミズムは、昔の人の知恵的でもあり、民族性精神論でもあり、インクルーシヴだと主張することも可能なのである。

どの説も、唱える人は、直接の利害関係者であってもなくても、何らかの方向に日本を牽引したい人、警鐘を鳴らしたい人だった。新聞の性格上、その中心は学識者や文化人だったが、次第に一般読者からの投稿も増え、無宗教川柳に至っては、説が多くの人に内面化されるとともに反省的にネタにもされるさまが現れていた。

これからどうする?

以上のように、本書は欠落説とそれへの反論の変遷を明らかにすることで、そのどちらの主張をも相対化してきた。最後に、ではこれからどうするかについて考えてみたい。

第一に、今後も、その時代に合わせて欠落説—充足説—独自宗教説を繰り返す人たちは出ると思われるし、本書はそれを止めようとするものではない。通覧して気づいたことだが、多くの日本人無宗教説の主眼は、（無）宗教を論じることではなく、他のことにある。社会に対して真摯に警鐘を鳴らしたい人たちにとって、無宗教説は、細かい説明抜きに自分の主張を他者に伝えるのに効果的な手段であることが、その人気ぶりから窺える。ただし、その受け手となる人たちは、本書が示してきた過去の議論を頭の片隅に入れておいていただけたら幸いである。

第二に、研究者には、読者から最後に「でも、本当のところはどうなのか？　日本人はやっぱり無宗教なのか？　それとも？」という質問が出たらどうするかという課題が残っている。問題は、価値評価を含んだ「日本人には宗教がない」という最初の一撃以来、研究者本人は客観的なつもりでも、自ら「宗教」を定義し、「日本人は……」と言おうとすると、欠落説—充足説—独自宗教説の無限ループに引き込まれてしまうところにある。

ではそのループから抜け出すにはどうするか。一つには、自らは宗教を定義せず、社会の中でどのように宗教・無宗教の切り分けがなされているか、そこでは何が基準とされ、結局何を言うために議論が展開されているのかを分析することに徹するやり方がある。本書はそのような研究の一例になっている。

もう一つの方法は、宗教という概念そのものを見直すことである。この概念には、キリスト教の「信仰か行い（業）か」の不均等な二分法がまとわりついている。不均等というのは、信仰の方が行い、すなわち儀礼遂行・戒律遵守・善行の実践などよりも重要であるという価値を伴う二分法だからである。プロテスタントは救済に必要なものは信仰のみだと言い、カトリックのことを行いにも頼っていると批判した。同じ二分法は他宗教、特に多神教にも向けられた。多神教徒は儀礼ばかり行い、信仰対象は偶像だと批判したのである。同じ理由で、何の神が祀られているかもよく知らずに神社でご利益を願ったり、祭りを行ったりすることは宗教とは言い難いとされた。

もちろん、少なからぬ宗教学者が、信仰中心主義ではないとらえ方を提案してきた。最近の例でいえば、日本人と宗教の関係を、「信仰なき実践」（葬式仏教や初詣）、「信仰なき所属」（神社や檀家）として特徴づけた岡本亮輔の試みがある[1]（「実践」は右の「行い」に該当する）。これは無宗教化するヨーロッパ人を表すイギリス宗教社会学の概念を修正しながら日本に適用したもので、よって日本の（無）宗教をユニークと最初から決めつけることのない、国際的な比較可能性に開かれたとらえ方である。だが、「信仰」対「行い」という二分法を踏襲すると、どうしても「信仰がないのか。それは残念」という価値判断を払拭できないように思う。最初の一撃が与えたコンプレックスはかくも根強い。この二分法自体を用いずに別の観点から「宗教」概念を分析する、あるいはそう言っては「宗教」を先取りしてしまうなら、別の観点から「宗教的なもの」概念を新たに構築することはできないか。これまでは「スピリチュアリティ」がそのために提唱されてきたが、これもまたキリスト教世界の「教会」対「神秘主義」という二分法の影響が強い概念であり、この課題はなお根本的なものとして残っている。

　他に、欠落説—独自宗教説の反転が起こるしくみを説明するなら、ループにはまらずに「日本人はやっぱり無宗教なのか？　それとも？」に答えることに貢献すると思われるので、最後にその説明を試みたい。この反転とは、強い信仰を持つ一部の人たちは、その対象がマルクス主義であっても「宗教」的に見えるが、信仰がなさそうで人間関係に縛られている大勢の人たちもまた「宗教」的に見えるというパラドクスのことである。

　これは歴史的に国教制を基盤とするヨーロッパとそうではない東アジアの違いに関わる。東アジアでは歴史的に「宗教」（教義・経典・教団をもつわかりやすい形の宗教）は公共的なものというより私的領域のものだった。日本には江戸時代の寺請制度などもあるため、この区分を時代を特定せずに一般化するのは危険だが、平安時代の貴族の出家がわかりやすい。動機はいろいろあっても、いずれにせよ出家という「宗教」らしい選択は個々人のものだった。

それとは別に、公共の領域を支配する社会規範も、何かしらの超人間的根拠（たとえばその規範を破ると祟りがあるなど）に支えられながら存在した。国教制下のヨーロッパではその社会規範もキリスト教が与えた（ことになっていた）のに対し、日本のそれはもっと漠然としていた。現代の仏教・神道・儒教・道教といった概念を使って、それらの要素がその中にあると指摘する人もいれば、対象が村落の場合は「民間信仰」とひとまとめにする人もいるが、いずれにせよその社会規範は特定の教義や聖典によって基礎づけられたものではない。よってそれは制度的キリスト教に比べて宗教らしくは見えないのだが、しかし、機能主義的に、公共圏に規範を与え、社会を統合する働き自体を宗教の主な機能の一つとすれば、まさにその漠然としたものこそが「宗教」となるのである。

つまり、国教制下のヨーロッパの伝統的社会では、キリスト教が社会を統合し、多くの人が「キリスト教（会）に所属している」という意識をもったのに対して、日本の伝統的社会でその機能を果たしたのは「〇〇教」と明確に示せるものではなく、「〇〇教」への意識的な所属は、出家やキリシタンへの改宗といった個人の選択として現れた。私たちは、ヨーロッパ産の宗教概念に従い、明確な「〇〇教」への意識的な所属を宗教らしい「宗教」と見なしている。このため、社会規範と個人の生きる指針の両方を同じ特定の「〇〇教」で包摂できない日本やアジアの事例に対して、「宗教」概念が不適合を起こすのである。この概念上の混乱はヨーロッパ的な宗教と世俗の切り分け方が他地域にも当てはめられてきたことにより生じたものである。これは西洋近代を自明のモデルとしない、複数の近代と複数の世俗性《マルティプル・セキュラリティーズ》をめぐる国際的・学際的議論により乗り越えられるべき問題である。

註

（1）岡本亮輔『宗教と日本人——葬式仏教からスピリチュアル文化まで』。

謝辞

本書の企画を快く受け入れてくださった筑摩書房、お世話になった編集部の松田健さん、また助言をくださった國學院大學の星野靖二さんにお礼を申し上げます。また、記事の収集・分類では、授業を受講した学部生（当時）の五十嵐さん、小村さん、豊田さん、野田さん、藤浪さん、守尾さんの協力がありました。

文献一覧

使用各紙典拠

『東京朝日新聞』『大阪朝日新聞』『朝日新聞』：朝日新聞クロスサーチ（旧・聞蔵Ⅱビジュアル）
『読売新聞』：ヨミダス歴史館
『東京日日新聞』『毎日新聞』：毎索
『京都日出新聞』『福岡日日新聞』『神戸又新日報』：神戸大学附属図書館デジタルアーカイブ新聞記事文庫（https://da.lib.kobe-u.ac.jp/da/np/）
『日布時事』『新世界』『日米新聞』：邦字新聞デジタル・コレクション　ジャパニーズ・ディアスポラ・イニシアチブ（https://hojishinbun.hoover.org/）
『郵便報知新聞』『東京毎週新報』『七一雑報』『都新聞』『中外日報』『神社新報』：各復刻版（紙・マイクロフィルム・DVD-ROM）
『神風』：原紙（神戸大学附属図書館所蔵）
Nippon Times：The Japan Times Archives

新聞以外の史料

アブデュルレシト・イブラヒム（小松香織・小松久男訳）『ジャポンヤ―イブラヒムの明治日本探訪記―』（岩波書店、二〇一三年）
イザベラ・バード（金坂清則訳）『完訳 日本奥地紀行 4』（東洋文庫、二〇一三年）
イザヤ・ベンダサン『日本人とユダヤ人』（山本書店、一九七〇年）
イザヤ・ベンダサン（山本七平訳編）『日本教徒―その開祖と現代知識人―』（角川書店、一九七六年）
伊藤侯爵「政治教育と宗教との関係に就て」（『教育時論』第四五八号、一八九八年）
井上哲次郎『教育と宗教の衝突』（敬業社、一八九三年）

梅原猛「「固有神道」覚え書き」（『思想の科学』第五次第四二号、一九六五年）
梅原猛「明治百年における日本の自己誤認—日本人の宗教的痴呆—」（『日本』第九巻第六号、一九六六年）
梅原猛『〈森の思想〉が人類を救う—二十一世紀における日本文明の役割—』（小学館、一九九一年）
海老名弾正「日本宗教の趨勢（承前）」（『六合雑誌』第一九五号、一八九七年）
海老名弾正「神道の宗教的精神」（『六合雑誌』第一九八号、一八九七年）
桜所市隠「無宗旨論者に質す」（『三宝叢誌』第一六三号、一八九七年）
大橋保夫編『クロード・レヴィ＝ストロース日本講演集　構造・神話・労働』（みすず書房、一九七九年）
大町芳衛『わが筆』（日高有倫堂、一九〇五年）
オールコック（山口光朔訳）『大君の都』下巻（岩波文庫、一九六二年）
加藤弘之「神道を宗教外に置くの可否」（『速記雑誌』第一二号、一八九〇年）
紀俊「無宗教の幸福（寄送）」（『日本主義』第一七号、一八九八年）
木村鷹太郎『日本主義国教論』（開発社、一八九八年）
木村鷹太郎「添田寿一氏の論を駁し国家及び教育の点より宗教を論ず」（『教育時論』第三三四号、一八九四年）
京都大学文学部日本史研究室編『田中不二麿関係文書』（思文閣出版、二〇一一年）
久米邦武『久米邦武歴史著作集』第三巻（吉川弘文館、一九九〇年）
久米邦武編（田中彰校注）『特命全権大使　米欧回覧実記㈠』（岩波文庫、一九七七年）
久米美術館編『久米邦武文書』第三巻（吉川弘文館、二〇〇一年）
黒田俊雄「「神道」史研究の背景—今日の思想状況との関連のなかで—」（『歴史科学』第八〇号、一九七九年）
小崎弘道『国家と宗教』（警醒社書店、一九一三年）
サー・E・アーノルド（岡部昌幸訳）『ヤポニカ』（雄松堂出版、二〇〇四年）
下田歌子『婦人常識の養成』（実業之日本社、一九一〇年）
高橋龍雄「神代史に於ける新研究（第三回）」（『日本主義』第二〇号、一八九九年）
竹内（楠三）「普通教育と宗教」（『日本主義』第一号、一八九七年）
竹内楠三「宗教学校に対する文部省の方針」（『日本主義』第八号、一八九七年）
津田真道「開化を進る方法を論ず」（山室信一・中野目徹校注『明六雑誌（上）』岩波文庫、一九九九年）

土居健郎・荻野恒一・鶴見和子・門脇佳吉「座談会 日本人と宗教―「甘え」理論を踏まえて―」（『世紀』第二五五号、一九七一年）
兜庵「信仰無き社会と文学」（『よしあし草』第一六号、一八九九年）
冨田竹二郎「タイ国の現状と日本―過熱されるナショナリズム―」（『アジア時報』第五巻第九号、一九七四年）
中西牛郎『内地雑居ト仏教之関係』（駸々堂、一八九四年）
中根千枝『タテ社会の人間関係 単一社会の理論』（講談社現代新書、一九六七年）
林屋辰三郎・梅原猛・梅棹忠夫・上田正昭『新・国学談』（文芸春秋、一九六七年）
ハリス（坂田精一訳）『日本滞在記』中（岩波文庫、一九五四年）
坂常三郎編『娼妓存廃の断案』（社会研究会、一九〇〇年）
福沢諭吉（松沢弘陽校注）『文明論之概略』（岩波文庫、一九九五年）
本多庸一「観瀾漫評 其二」（『新世紀』第一巻第二号、一八九八年）
丸山真男『日本の思想』（岩波新書、二〇一四年改版）
宮川寿美子『女房　説法　鉄砲　三ぼう主義』（宝文館、一九一一年）
三橋中雄「宗教の事につきて」（『大八洲雑誌』第一六八号、一九〇〇年）
宮地厳夫「我神祇は他の宗教の神と同一視すへきものに非す」（『明治会叢誌』第五〇号、一八九三年）
元良勇次郎「附録 日本現時学生の宗教心に関する調査の報告」（『哲学雑誌』第一五編第一六六号、一九〇〇年）
山折哲雄『近代日本人の宗教意識』（岩波書店、一九九六年）
『憲法草案 枢密院会議筆記』（国立公文書館蔵、一八八八年）
「文士と信仰」（『帝国文学』第三巻第四号、一八九七年）
「学生風紀の堕廃は無宗教の弊ならざるや」（『中央公論』第二一年第七号、一九〇六年）
『第四十回国会 参議院予算委員会会議録』第七号（参議院事務局、一九六二年）
『第四十六回国会衆議院 地方行政委員会会議録』第三十九号（衆議院事務局、一九六四年）
『靖国神社問題資料集』（国立国会図書館調査及び立法考査局、一九七六年）
『最高裁判所民事判例集』第三一巻第四号（最高裁判所判例調査会、一九七七年）
Barrows, John Henry (ed.) *The World's Parliament of Religions, Volume II*, Chicago, The Parliament Publishing Company,

1893.

研究文献

赤澤史朗『靖国神社―「殉国」と「平和」をめぐる戦後史―』（岩波現代文庫、二〇一七年）
阿満利麿『日本人はなぜ無宗教なのか』（ちくま新書、一九九六年）
粟津賢太『記憶と追悼の宗教社会学―戦没者祭祀の成立と変容―』（北海道大学出版会、二〇一七年）
石井研士『データブック　現代日本人の宗教　増補改訂版』（新曜社、二〇〇七年）
石川明人『キリスト教と日本人』（ちくま新書、二〇一九年）
呉佩遥「「文明」の時代における「信」の位相―島地黙雷の宗教論を中心として―」（『学際日本研究』第二号、二〇二二年）
ＮＨＫ放送世論調査所編『日本人の宗教意識』（日本放送出版協会、一九八四年）
及川高『「宗教」と「無宗教」の近代南島史―国民国家・学知・民衆―』（森話社、二〇一六年）
岡本亮輔『宗教と日本人―葬式仏教からスピリチュアル文化まで―』（中公新書、二〇二一年）
小倉慈司・山口輝臣『天皇と宗教』（講談社学術文庫、二〇一八年）
木村悠之介「第10講　宗教」（山口輝臣・福家崇洋編『思想史講義【明治篇Ⅱ】』ちくま新書、二〇二三年）
木村悠之介「新神道とは何であったか―メディア排宗教運動としての雑誌『日本主義』―」（國學院大學研究開発推進機構紀要』第一五号、二〇二三年）
礫川全次『日本人は本当に無宗教なのか』（平凡社新書、二〇一九年）
國學院大學日本文化研究所編『歴史で読む国学』（ぺりかん社、二〇二二年）
小谷みどり「葬送に対する意識」（第一生命経済研究所『Life design report＝ライフデザインレポート』第一八二号、二〇〇七年）
昆野伸幸「村上重良「国家神道」論再考」（山口輝臣編『戦後史のなかの「国家神道」』山川出版社、二〇一八年）
佐々木聖使「神道非宗教より神社非宗教へ―神官・教導職の分離をめぐって―」（『日本大学精神文化研究所・教育制度研究所紀要』第一六号、一九八五年）
島薗進「日本人論と宗教」（同『ポストモダンの新宗教 現代日本の精神状況の底流』法蔵館文庫、二〇二一年）
鈴木範久『明治宗教思潮の研究―宗教学事始―』（東京大学出版会、一九七九年）

髙田誠二『久米邦武—史学の眼鏡で浮世の景を—』（ミネルヴァ書房、二〇〇七年）
中川洋子「『令知会雑誌』に見る明治仏教史」（中西直樹・近藤俊太郎編著『令知会と明治仏教』不二出版、二〇一七年）
西田みどり「久米邦武の宗教観—『米欧回覧実記』を中心に—」（『大正大學研究紀要仏教学部・人間学部・文学部・表現学部』第九八号、二〇一三年）
西村明「総論」（島薗進・末木文美士・大谷栄一・西村明編『近代日本宗教史　第五巻　敗戦から高度成長へ—敗戦〜昭和中期』春秋社、二〇二一年）
羽賀祥二『明治維新と宗教』（法蔵館文庫、二〇二二年）
比較思想史研究会編著『明治思想家の宗教観』（大蔵出版、一九七五年）
古屋安雄『なぜ日本にキリスト教は広まらないのか—近代日本とキリスト教—』（教文館、二〇〇九年）
星野靖二『近代日本の宗教概念 宗教者の言葉と近代』（有志舍、二〇一二年）
星野靖二「日本文化論の中の宗教／無宗教」（西村明責任編集『いま宗教に向きあう』第二巻、岩波書店、二〇一八年）
H・N・マックファーランド（内藤豊・杉本武之訳）『神々のラッシュアワー—日本の新宗教運動—』（社会思想社、一九六九年）
松永俊男『ダーウィンの時代—科学と宗教—』（名古屋大学出版会、一九九六年）
マーク・R・マリンズ（高崎恵訳）『メイド・イン・ジャパンのキリスト教』（トランスビュー、二〇〇五年）
森一郎「公立学校における「宗教的情操教育」の可能性と課題」（『教育学論究』六、二〇一四年）
安岡昭男「岩倉使節と宗教問題」（中央大学人文科学研究所編『近代日本の形成と宗教問題〔改訂版〕』中央大学出版部、一九九三年）
山口亜紀「矢野文雄『周遊雑記』における自由主義思想—明治期啓蒙知識人の世界史像と「宗教」—」（『南山宗教文化研究所 研究所報』第一六号、二〇〇六年）
山口輝臣『明治国家と宗教』（東京大学出版会、一九九九年）
山口輝臣「釈宗演—その《インド》体験—」（小川原正道編『近代日本の仏教者—アジア体験と思想の変容—』慶應義塾大学出版会、二〇一〇年）
山口輝臣「「無宗教」の実業家が「宗教」を支援すること」（同編『渋沢栄一はなぜ「宗教」を支援したのか—「人」を見出し、共鳴を形にする—』ミネルヴァ書房、二〇二二年）

山崎渾子『岩倉使節団における宗教問題』（思文閣出版、二〇〇六年）
渡辺京二『逝きし世の面影』（平凡社ライブラリー、二〇〇五年）
渡辺浩『東アジアの王権と思想 増補新装版』（東京大学出版会、二〇一六年）
Davie, Grace, "From Believing without Belonging to Vicarious Religion: Understanding the Patterns of Religion in Modern Europe," Detlef Pollack & Daniel V.A. Olson eds., *The Role of Religion in Modern Societies*, Routledge, 2011.
McLaughlin, Levi, "Hard Lessons Learned: Tracking Changes in Media Presentations of Religion and Religious Aid Mobilization after the 1995 and 2011 Disasters in Japan," *Asian Ethnology* 75(1), 2016.
Okamura, Jonathan, *Raced to Death in 1920s Hawai'i: Injustice and Revenge in the Fukunaga Case*, University of Illinois Press, 2019.

＊なお、本書の執筆に先立ち、研究の中間報告として「研究ノート」を以下のように発表している。
藤原聖子・稲村めぐみ・木村悠之介・坪井俊樹・和田理恵「日本人無宗教論の系譜」『東京大学宗教学年報』第三九巻、二〇二二年。

本書は改めて資料を精査し、分析を深めたものである。

編・執筆者紹介

藤原聖子（ふじわら・さとこ）【編者／はじめに・第三章・おわりに】
東京大学大学院人文社会系研究科教授。比較宗教学。著書『世界の教科書でよむ〈宗教〉』（ちくまプリマー新書、二〇一一年）、『ポスト多文化主義教育が描く宗教』（岩波書店、二〇一七年）、『宗教と過激思想』（中公新書、二〇二一年）など。

木村悠之介（きむら・ゆうのすけ）【第一章・第四章】
國學院大學研究開発推進機構PD研究員、公益財団法人国際宗教研究所研究員ほか。東京大学大学院人文社会系研究科博士課程満期退学。専門は近現代日本宗教史。著書『思想史講義【明治篇Ⅱ】』（共著、ちくま新書、二〇二三年）、論文「明治後期における神道改革の潮流とその行方」（『神道文化』第三一号、二〇一九年）など。

坪井俊樹（つぼい・としき）【第二章】
東京大学大学院人文社会系研究科博士課程。専門は近現代日本宗教史。論文「新宗教における感染症の語り――COVID-19影響下の公式メディアを中心に」東京大学大学院人文社会系研究科修士学位論文、「ニューカマーによるエスニックチャーチの形成と活動に関する研究の動向」（『東京大学宗教学年報』第三八号、二〇二一年）。

和田理恵（わだ・りえ）【第五章】
東京大学大学院人文社会系研究科博士課程。専門は現代日本の宗教。論文「歌謡曲に見る現代日本の祈りの形態――歌詞の計量テキスト分析を用いて」東京大学大学院人文社会系研究科修士学位論文、「北欧宗教学における物語研究の新展開」（『東京大学宗教学年報』第三八号、二〇二一年）。

稲村めぐみ（いなむら・めぐみ）【第六章】
東京大学大学院人文社会系研究科博士課程。専門は現代美術と宗教。論文「芸術療法における宗教性と芸術の機能」東京大学大学院人文社会系研究科修士学位論文、「表現アートセラピーのスピリチュアリティ」（『東京大学宗教学年報』第三八号、二〇二一年）。

人名索引

（本文の内容に関する人名に限る）

さ行

た行

な行

は行

ま行

や行

ら行

わ行

藤原聖子 ふじわら・さとこ

東京大学大学院人文社会系研究科教授。シカゴ大学 Ph.D.（宗教学）。専門は比較宗教学。著書『世界の教科書でよむ〈宗教〉』（ちくまプリマー新書、二〇一一年）、『ポスト多文化主義教育が描く宗教』（岩波書店、二〇一七年）、『宗教と過激思想』（中公新書、二〇二一年）、"Practicing Belonging?: Non-religiousness in Twenty-First Century Japan," *Journal of Religion in Japan*, 8/1-3, 2019.（オープンアクセス）、*Global Phenomenologies of Religion: An Oral History in Interviews*, Equinox 2021（共編著）など。

筑摩選書 0255

日本人無宗教説《にほんじんむしゅうきょうせつ》
その歴史《れきし》から見《み》えるもの

二〇二三年五月一五日　初版第一刷発行

編著者　藤原聖子《ふじわらさとこ》

発行者　喜入冬子

発行所　株式会社筑摩書房
東京都台東区蔵前二-五-三　郵便番号 一一一-八七五五
電話番号　〇三-五六八七-二六〇一（代表）

装幀者　神田昇和

印刷 製本　中央精版印刷株式会社

ISBN978-4-480-01773-4 C0314

筑摩選書
0116
戦後日本の宗教史
天皇制・祖先崇拝・新宗教
島田裕巳
天皇制と祖先崇拝、そして新宗教という三つの柱を軸に、戦後日本の宗教の歴史をたどり、日本社会と日本人の精神がどのように変容したかを明らかにする。

筑摩選書
0142
徹底検証　日本の右傾化
塚田穂高 編著
日本会議、ヘイトスピーチ、改憲、草の根保守、「慰安婦報道」……。現代日本の「右傾化」を、ジャーナリストから研究者まで第一級の著者が多角的に検証！

筑摩選書
0172
内村鑑三
その聖書読解と危機の時代
関根清三
戦争と震災。この二つの危機に対し、内村鑑三はどのように立ち向かったのか。聖書学の視点から、その聖書読解と現実との関わり、現代的射程を問う、碩学畢生の書。

筑摩選書
0184
明治史研究の最前線
小林和幸 編著
政治史、外交史、経済史、思想史、宗教史など、多様な分野の先端研究者31名の力を結集し明治史研究の最先端を解説。近代史に関心のある全ての人必携の研究案内。

筑摩選書
0210
日本回帰と文化人
昭和戦前期の理想と悲劇
長山靖生
横光利一、太宰治、保田与重郎、三木清、京都学派……。彼らは絶望的な戦争へと突き進む日本に何を見たか。多様な作品を読み解き、その暗部に光を当てる意欲作。

筑摩選書
0254
日本政教関係史
宗教と政治の一五〇年
小川原正道
統一教会問題でも注目を集めている政治と宗教の関係の変遷を、近現代の様々な事例をもとに検証。信教の自由と政教分離の間で揺れ動く政教問題の本質に迫る。